一週七天，沒有一天叫做「有一天」

10個讓夢想成真的秘密心法，找回你想要的人生！

莎曼．霍恩 Sam Horn—著　　林師祺—譯

SOMEDAY IS NOT A DAY IN THE WEEK

在美夢成真的道路上，他們已經開始邁進！

莎曼．霍恩是當今社會最閃亮的明燈，也是最平易近人的智者。在《一週七天，沒有一天叫做「有一天」》中，她帶我們踏上令人感動、精采又重要的旅程，追求充滿意義又開心的人生。我們即刻就得上路，沒有時間等到改天。

——「歐普拉秀」前執行製作／雪莉．薩拉塔

你的人生停滯不前？覺得最好的時光已成歷史？讀讀莎曼．霍恩這本驚悚又無比實用的新書《一週七天，沒有一天叫做「有一天」》。她的精采故事幫助你移除前方各種阻礙，挪出空間，享受更愉快、更有餘裕，也更充實的人生。別再說有一天，就從今天開始。

——「帶女兒上班」運動推手／妮爾．梅立諾

每翻一頁，我又多想起一件答應自己要做卻沒做或是拖拖拉拉延後的事情。我總以為還多的是時間，莎曼這本書給我莫大啟發，我不禁自問為什麼要延後追求淡忘的夢想。

——《紐約時報》暢銷作家／潔寧．羅絲

你滿意現在的生活和工作嗎？你準備重塑自己，重新展望未來？莎曼．霍恩這本新書可以啟發你，告訴你如何創造更有意義、更有成就感的下一幕，而且就從今天做起！

——**美國杜克大學富科商學院教授／多莉．克拉克**

我們的文化認定忙碌代表身分地位，這本書單刀直入直指核心，而且提供重要步驟，幫助我們把握人生，不要瞎忙一場，而是用心體驗。

——**暢銷作家／珊儂．凱撒**

莎曼．霍恩這位溫和的大師就是有辦法推開你所有的藉口，逼你面對精采的人生下半場，她會激勵你立刻追求你「就是今天」的夢想！

——**《人生變遷》作者／蓋爾．希伊**

莎曼有種特別的天賦，可以幫助你看到自己真心想追求的夢想，並且幫助你達成目標。我之所以開始寫書，也要歸功於她。任何人生停滯不前或是想實現夢想的人，我都大力推薦他們拜讀她的作品！

——**暢銷作家／凱莫．萊維肯特**

自我顛覆是得到幸福的關鍵，莎曼．霍恩發人省思的新作提供十個可行的心法，改變個人生活和職涯。想要改頭換面，想要追尋更有意義的人生，這本書就是最佳指南！

——暢銷作家／傑．薩米特

你是否不斷答應自己，有朝一日一定會踏上夢想國度？如果始終沒付諸實行呢？莎曼．霍恩的書正符合你的需要，幫助你不再拖延時間，即刻實現夢想，而不是改天再做。

——BootsnAll網站創辦人／希恩．齊納

準備改寫故事了嗎？本書激勵人心的故事和動員口號將永遠改變你的人生！

——「華盛頓女性大遊行」發起人／珍娜．阿諾

在這本實用的小書中，霍恩建議讀者不要空等著實踐人生意義，要立刻起而行……本書提供了上百個訣竅，讀者至少可以找到一個有用的建議，改變你的人生！

——圖書館雜誌

這本書積極樂觀、發人省思，卻又相當務實，可以幫助你釐清下一步！

——「東西越少越快樂」TED演講人／葛拉罕．希爾

莎曼·霍恩言之鑿鑿地指出，我們現在就能用更活潑、更果斷、更熱情的心態面對人生、工作，而不是改天。

——「破曉派對」創辦人／拉妲·艾葛拉瓦

這本動人的指南，教導你別再延宕真正看重的事情，現在就開始追求夢想。莎曼·霍恩來幫你了！

——暢銷作家／艾力克斯·班納楊

追求更充實的人生，你正需要這臨門一腳！

——《要忙，就忙得有意義》作者／蘿拉·范德康

「天堂在我心中的模樣，始終是座圖書館。」
——阿根廷詩人／豪爾赫·路易斯·博赫士

謹以本書獻給世界各地的圖書館員，
因為你們擔任重要角色，賦與我們夢想、靈感，
讓我們看到各色故事，
想起浩繁世界正等著我們探索細究。

CONTENTS

楔子

「問題在於我們自以為還有大把時間。」

——佛陀

我爸以為他還有大把時間，當年他夢想退休後遊遍所有國家公園。身為加州農業職業教育主任，他每週開車五、六天，駛過幾百哩，到各高中、縣郡市集指導農職科學生。父親正直可敬，覺得有責任讓接受指導的學生都能得到深遠影響，他的確達成使命，卻也為此付出代價。

爸爸退休一週後，終於可以實現多年夢想，七天後卻在飯店浴室中風。他始終沒造訪大提頓國家公園、大煙山國家公園、班夫國家公園或錫安國家公園，他沒機會完成自己的畢生夢想。

我不希望這種事發生在我身上。

也不希望發生在你身上。

我不希望這種事發生在任何人身上。

好消息是你不必辭職、中樂透或拋棄既有的責任，也能讓你的人生更趨近你想像中的模樣。

你要更快樂、更健康，過得更充實，有些事情你**此時此地**就做得到。

我這是經驗談。

三年前，我展開「一年水濱生活」，一邊旅行，一邊工作。

那次的經驗實在太棒，但是最令我印象深刻的並非我去過的**地方**，而是我邂逅的**人**，尤其是那些說過「**有一天**我非做這種事情不可」的人。

問題是，我爸和成千上萬像他一樣的人吃了苦頭才知道，一星期裡沒有所謂的「**有一天**」。

名作家保羅．科爾賀說過，「總有一天，你起床會發現，你再也來不及做你一直想做的事了……到底是『有一天』或『第一天』就由你決定。」

希望各位打開這本書時，就是付諸實行的「第一天」。

希望你讀了書中的奇遇、見解，明白今天是你確實擁有的一天，也活出這份體悟。

希望你別再等待，開始創造你希冀、需要，現在——而不是以後——就有權利享受的生活品質。

為什麼每一章都以故事開場

「世界不是由原子所構成，而是由故事羅織。」

——美國女詩人／穆瑞爾・魯凱澤

如果你喜歡《那時候，我只剩下勇敢》或《享受吧！一個人的旅行》這類勵志書籍，一定也會喜歡我這本。看到別人的故事，明白「原來辛苦的人不只有我，還有其他人的想法和我一樣」，實在教人欣慰，而且看到別人如何釐清自己的願望、克服挑戰、徹底改變人生，更是為我們打了一劑強心針。

所以本書每一章都由故事揭開序幕，主角可能是我，也可能是我這一年認識的朋友，他們可能住在小鎮，可能住在大城市，男女老少、種族不拘，經濟狀況各不相同。他們知道時間不等人，決心改變生活，而不是癡癡等著永遠不會來的「有一天」。

有位名叫鮑柏的工程師說，「故事好是好，但我的左腦比較發達，喜歡看試算表和流程圖，能不能提供我們可以照做的流程，執行起來才清楚，容易實行？」

問得好，鮑柏。我仔細檢視自己學到的教訓、這年來的訪談內容，發現許多人將生活過得更充實了，而這的確有幾個既定步驟。

我稱這些步驟為**心法**，因為有個同事展示了如何透過心法，深入了解公認的最佳實踐方法、加速工作效率、提供成功的捷徑。

科技創業家戴夫．亞斯普雷原本是重達一百三十六公斤的電腦奇才，雖然工作表現精湛，愛情生活卻停滯不前。無論他如何節食、拚命運動，就是瘦不下來。有一天，他恍然大悟，「如果我能駭進電腦，應該也能破解我自己的身體。」

大家可能知道接下來的故事發展，戴夫研究之後發現，純椰子油可以改善健康，他創立的防彈咖啡公司已經是全球企業，有自己的播客和一年一度的高峰會。戴夫就是活生生的例子，證明只要破解無效的方法，創造有用的方案，就能像他一樣。他是精力充沛的創業家、父親、丈夫，熱愛生命、家庭、工作和健康。

我心想，「如果戴夫做得到，我也不成問題。」你們也一樣。

不要有一天，就是今天的十大心法

「真正的決定只在你採取行動之後才算數。沒有實際作為，就表示你還未做出決定。」

——美國潛能開發專家／東尼．羅賓斯

本書以十章闡述十大心法，你可以採取這些行動，更快實現充實人生，而不是推託延宕。請注意，這些心法只是**架構**，不是**配方**。

我沒說逐一做到就能保證生活幸福美滿，否則我就太驕傲自大了。

我的意思是，「這是我收集、串聯、策劃的幸福點滴，這些方法幫助我和他人改善我們的生活品質，我與大家分享，希望各位有興趣、用得上，請各自擷取你們覺得有共鳴，或有效的方法。」

還記得嗎？小時候有種著色書，只要照著數字連線，最後就會知道自己連出圖案，圖像會越來越明顯，做連連看時，心裡想著「啊哈，是貓咪！」

我希望這些心法有同樣功效，各位邊讀邊執行時，人生的樣貌也會越來越清晰，你希望過的人生、你想體驗的日子都會越來越具體。最後，電光石火之間，你便會明白所為何來。

心法一：「評估」真正讓自己快樂的事
心法二：「創造」一個屬於你的夢想
心法三：「摒棄」過時的信念和行為
心法四：「推行」每日新生活

心法五：「歌頌」人生的美妙
心法六：「結交」支持、鼓勵你的盟友
心法七：「結合」興趣和工作
心法八：「釐清」想要、需要和應得的
心法九：「開創」全新的開始
心法十：「遷居」到更好的地方

如何從這本書得到最大的價值

「一壘手丹・馬丁利的表現超出預期嗎？」

——某記者

「遠勝於此。」

——美國職棒大聯盟捕手、教練與球隊經理／尤吉・貝拉

如果希望這本書物超所值，請在手邊備妥一枝筆，才能在文字旁邊做筆記，回答書後的「讀者指南」。閱讀本書時越積極參與，越有可能將意念化為改變人生的結果。

事實上，一如十三章的建議，如果購買「就是今天日誌」（或其他同質性代替品），每天早上花五分鐘寫下如何利用前述心法讓一天更有價值，你將得到更大收穫。

再聽我一句勸？也許可以找個朋友一起讀這本書，或是辦「就是今天沙龍」、用本書辦讀書會。（「有一天究竟是哪一天」網站上有詳細說明。）

什麼是「就是今天沙龍」？邀請朋友填寫「四分鐘四格快樂測驗」（請見二十三頁），彼此討論答案，找出有意義的「下一個」階段，目的就是集結眾人，讓大家都有機會分享彼此的故事，了解哪些方法有效，哪些無效，他們又有哪些因應辦法。

不必受過專門訓練也可以主辦這類沙龍（有專業素養當然也很好），這是同時練習所有人生心法（例如發起、結交、歌頌）的好方法。

要有心理準備，**人們可能很感激自己有這個機會討論真正有意義的事情，還會依依不捨，不肯離開**。我們第一次在科羅拉多州丹佛舉辦沙龍，家長紛紛打給保母，哀求對方多留一、兩個小時，好讓他們繼續留下來討論。一位自稱是科技宅的約翰告訴我，「我討厭跟人哈拉無聊的事情，所以不再出門應酬，我十年來參加各種集會的總和，都沒這兩個小時的內容有意思又真誠。」

暢銷作家天寶．葛蘭汀說，「大家總想尋找改變萬事萬物的特效藥，沒有這種東西。」

天寶說得對，世上沒有特效藥，但有導覽列，這些導覽路徑可以教育我們、啟發我們，滋潤我們。

本書的小故事和見解可以提供他人的經驗，諸君就能借用他山之石，不必凡事都靠自己辛苦摸索。

希望讀者能追隨著這些導覽，整合前述的人生心法。我保證，你絕對不會後悔自己花工夫釐清真正重要的事項，增加這類經驗，只會後悔自己怎麼不**早點**開始，起步走。

心法一

「評估」
真正讓自己快樂的事

「奉主之名，歇一會兒，放下手邊工作，環顧四周吧。」
——俄國文豪／列夫・托爾斯泰

第一個心法就是停、看、想，然後評估哪些因素造就你的人生品質，哪些因素扯你後腿。做過「四分鐘四格快樂測驗」，對於哪些事情提高或降低人生滿意度，便會有驚人發現。

1 蹺班一天

「筋疲力盡不是身分象徵。」

——美國暢銷作家／布芮妮・布朗

我在南加州剛結束一個為期兩天卻馬不停蹄的顧問工作，當時我坐在租來的車裡，努力打起精神開到機場，趕搭飛機回華盛頓。手機鈴響，是幫忙經營公司的兒子安德魯，他肯定聽出我哪裡不對勁，因為他問，「媽，妳怎麼了？」

「安德魯，我累壞了，甚至不知道今晚怎麼有辦法上飛機，我得趕上半夜的航班，兩天後又得再回西岸。」

他頓了一下，決定打斷我。「媽，我真搞不懂妳。妳打造可以隨心所欲的人生，卻沒好好把握。」

哇，這句話竟然出自一個二十來歲的小夥子。

他沒打算打住，「妳為什麼不在那裡住幾天？我幫妳訂飯店，妳在那邊也可以打理公司的事情。」

安德魯說得對。沒有人逼我飛回東岸，我自己就是老闆，我想怎麼樣都行。半小時後，我住進拉古納海灘飯店，再過半小時，便聽著窗外的浪濤聲進入夢鄉，美妙至極。

隔天，我又聽從安德魯另一個建議，他說，「媽，妳最近工作好多，應該休息一下，乾脆蹺班一天？其他事情就交給我吧。」

這點子真棒。身為單親媽媽和中小企業老闆，幾十年來，我都忙個不停。想到可以睡到自然醒，不必整天開會開個沒完沒了，我就興奮得像個耍賴得逞的小朋友。

隔天早上賴床更是一大奢侈。我慢條斯理喝咖啡，再進城閒逛，我在大街上晃蕩時，彷彿有個磁鐵拉我走進書店。我筆直走向寫作書籍區，翻閱我向來喜歡的安．拉默特[1]和茱莉亞．卡麥隆[2]的作品，此時心裡湧出一個小小的聲音，「**我是作家，這就是我的身分。**」

聽到那聲音，彷彿真有人對我說話。話說回來，的確有人對我說話，那就是我深埋在忙碌日常中的作家魂，這個作家忙於提供諮商服務，兩年都無法抽身撰寫新作品。

1. Anne Lamott（一九五四——），美國作家和演說家，著有《關於寫作：一隻鳥接著一隻鳥》等。
2. Julia Cameron（一九四八——），美國教師、作家、詩人。著有《創作，是心靈療癒的旅程》等。

請別誤會，我很感恩自己事業小有成就，《華盛頓郵報》發行人凱瑟琳．葛蘭姆曾說過，「還有什麼比得上埋首自己熱衷的事情、覺得這些事情有意義來得更有趣呢？」唯一的答案就是從事熱愛的工作，夥伴又是你欣賞、尊重的人，而且還能**以此賺錢維生**，我就是這麼幸運，所以我也不是（故意）雞蛋裡挑骨頭。

我在偷閒之際，發現自己為了工作忽略了志趣，我忙著幫助別人找到天命，卻冷落了自己，以致心裡覺得不踏實。

當時站在書店，我靈機一動，下定決心每天早起寫作，仿效小說家約翰．葛里遜，他也是每天偷空才寫出暢銷作品。我回飯店，把書桌轉向面對大海，那天就盯著海浪，構思下一本新書。

作家葛羅莉亞．史坦能說，「唯有埋首寫作時，我才不覺得該做其他事情。」我對寫作也有同樣的感覺，當我把想法寫到紙上（或打到電腦上），我就覺得發揮自己天賦。我頓時忘卻一切俗事，如魚得水，哪件事情對你有同樣效果呢？

如果你能蹺班，會做什麼事情呢？

「明天又是另一天，昨天也是。」

——美國詩人／雷內．里卡德

哪件事情是你一旦開始做就不想罷手？你又有多久沒做這件事了？如果你可以蹺班一天，不會有任何懲罰，還有人會代班，你會做什麼？

三十多歲的卡爾說，「如果可以蹺班一天，我會待在院子，雙手埋在土裡種花草，我在農場長大，父母在我十歲時就交代我負責院子。他們敢交給我這個重責大任，我覺得自己好像突然長大，我會花上好幾小時澆花、除草、種植、採摘，我忙得不亦樂乎，完全忘記時間。後來我離開家鄉上大學，又留在城裡上班，我到現在才發現園藝對我而言有多重要，我又有多想念這段時光。」

我告訴他，「如果這件事情讓你覺得這麼開心，這就像答對整張考卷。你已經知道你的熱情所在，只要找個院子，開始投入心血就行了。」

他說，「莎曼，我住在鬧區的公寓大樓，這個夢想不可能實現。」

「發揮創意啊，我相信你家附近一定有社區菜圃，可能還有歡迎志工加入的植物園，能不能去查一查？」

結果呢？現在卡爾一個月有兩個早上去溫室盆栽棚，那是某個園藝造景師朋友的物業。他說，「這個結果很理想。我可以隨時接觸土壤、接觸植物，而且一塊錢都不花。」

你做白日夢時都想些什麼呢？

「如果你問人，『你最想做什麼？』對方往往呆若木雞，似乎覺得他們得提供偉大的答案，好比『餵飽全世界的孤兒』。」

——美國作家／丹恩．賓克

請別誤會，蹺班不見得要做了不起的大事。就像丹恩．賓克所說，不必「偉大」或莊嚴。這是你的假期，可以做你想做的事情，不必道歉，也不必是「當做之事」，可以是你始終擱在一旁的願望，也可以睡個整天。想做什麼，儘管去做。

依舊不知道該做什麼？以下的「快樂測驗」可以幫上忙，你只要花幾分鐘，就能找到現在讓你更快樂的事情，而不要有一天。

以下是測驗方法。以前玩過文字聯想的遊戲嗎？就是快問快答？這個也差不多。請寫下你馬上想到的事情，即使那不是「好事」。除非你想秀出來，否則不必給人看到你的答案。這個測驗沒有分數，也不是面試問卷，就算看到題目問你有哪些弱點，也不必寫下「我是完美主義者，做對以前都不會罷休」。如果你實話實說，這個測驗就能澄清你厭倦哪些事情、寧可做哪些事情，你才能積極改變。

四分鐘四格快樂測驗

第一格。「你**現在做**的事情當中，有哪些是你**想**做的事情？」遛狗？看書？開創自己的公司？和配偶約會？

第二格。「有哪些事情你**想**做卻**沒做**？」沒減重？沒換工作？沒運動？沒花時間和朋友來往？沒有性生活？

第三格。「現在做的事情當中，有哪些是你**不想做**的？」通勤？信用卡債務高築？和家人吵架？看太多電視？

第四格。「你現在**沒做**的事情當中，有哪些是你**不想做**的？」沒錯，這是雙重否定，不過這個問題很重要，因為這就能列出你沒做的有害事項，也許你以前抽菸，現在不抽了，你覺得很開心。

	正在做	沒有做
想做	1	2
不想做	3	4

分析快樂測驗的結果

「人們總說時間會改變一切，其實你還是得自己動手改變。」

——藝術大師／安迪．沃荷

做完之後，請看第一格和第四格的答案，那就是**適合**你的人生的事項，你會因此感到開心。

請注意，人非聖賢，所以第二格和第三格才不是空白，你知道問題是什麼嗎？**多久了**？你做你不想做的事情**有多久**了？你**沒做**你想做的事情又有**多久了**？

前美國國務卿約翰．福斯特．杜勒斯說，「成功的組織特徵不是有沒有問題，而是該組織的問題是否和去年相同。」這個道理也適用於我們。身為人類，我們永遠都有各式各樣的問題，不過那和去年、前年的問題一樣嗎？倘若如此，那表示我們住在「有一天」的世界。

「有一天」潛藏在第二格和第三格。我們告訴自己，**有一天**只要有夠多時間、預算等等，我們一定會先做這些事情，然而這就是將來的遺憾。

也許你認為，「饒了我吧，我一週工作六十小時，根本沒時間執行第二格和第三格的事情。」

我都了解。你不必一次改變所有事情，否則只是不切實際，只要你執行第二格、第三格中的一件事情，一定會激發正面連鎖效應，抵銷生活帶給你的不滿，那件事是什麼？

用不一樣的方法做一件事情，可以激發正面連鎖效應

「我們有辦法指著某一個時間點說，『一切就從某天某時某地某事說起？』」

——推理小說天后／阿嘉莎．克莉絲蒂

第三格最常見的答案是什麼？**社群媒體**。說得確切一點就是花太多時間上網看臉書、IG、推特等網路論壇。

有位女士告訴我，「我讀了某篇介紹科技上癮症的報導，我真不好意思承認，但我具備所有症狀，只要有空，我幾乎都在上網。」

我問她，「妳有沒有看到研究，說我們花越多時間上網，就覺得越孤單、沮喪、不快樂嗎？我覺得社群媒體是現代人的困境，我們時時拿自己的人生和別人相比，不只打擊自信，更是鯨吞蠶食我們的時間，導致我們更沒空做有意義的事情，妳

打算如何改變？」

「那篇文章建議我們設定規則，就寢或進餐時不能看手機，每天規定只能看社群媒體兩次，而且不能是剛起床或睡覺前，我要對自己負責，因為我知道以後回顧往昔，浪費那麼多時間，做長遠看來沒有任何好處的事情，我將來一定會後悔。」

我告訴她，「這就是**一件事**可以正面影響所有事情的絕佳範例，這可以改善妳和子女、丈夫、朋友的關係，因為妳全心放在他們身上，而不是心不在焉地瞄手機。妳會有更多時間寫日記、看本好書、出去散散步，而不是花上好幾小時盯著一小塊塑膠。妳可以改掉這個沒有價值的盲目習慣，得到更多時間從事開心的活動，這就是引發正面連鎖效應。」

找到更好的方法

「一定有方法改善，找到就對了。」

——發明家／湯瑪斯・愛迪生

還想聽聽另一個改變一件事，卻引發正面連鎖反應的例子嗎？

參加工作坊的某位先生說，「我從小就參加學校各種運動，大家都知道我運動細胞發達，我娶了大學女友，生了三個兒子，她出車禍過世時，兒子才十二歲、十四歲、十六歲。我搬回明尼蘇達州，爸媽才能幫我帶孩子。當時我就開始兼兩份差，才有足夠收入、有辦法存錢讓孩子上大學。」

「第二格和第三格的事情都和我的健康、體重有關。**現在做**的事情當中，我**想戒掉**的就是看到什麼都吃、賴在沙發上不動。我想做的事情則是健身、從事體育活動、談戀愛。」

「填完那份測驗，我發現自己早該想想辦法。我上網看到住家附近的購物商場有健走俱樂部，大家每週約三天早晨碰面。那個活動非常理想，因為免費，在室內（我們那裡的寒冬很漫長），而且早上七點半開始，我走完還有時間趕去上班。我可以恢復身材，又不會累得半死，最棒的是什麼呢？還能認識其他女性！我們在商場走六回，沿途都在聊天，這是我多年來為自己做過最棒的事情。」

我聽了很高興，因為他再度證明，改變一件事情就能在各個層面增進我們的福祉。棒球選手米奇．曼托說，「如果我知道能活到這麼久，就會好好照顧自己。」你有好好照顧自己嗎？既然你從第二、第三格知道，你沒做自己重視的事情，下一步就是如何改善。

你蹺班的那天不會做什麼？

「人生苦短，如果不偶爾停下來環顧四周，可能會錯過人生。」

——電影《蹺課天才》主角／費瑞斯．布勒

你看過約翰．休斯導演的電影《蹺課天才》嗎？馬修．柏德瑞克飾演的男主角和朋友一起蹺課，他「借了」一部法拉利在芝加哥兜風，一群朋友去看了小熊隊的球賽、在高級餐廳用餐，還參加遊行，目標就是「及時行樂」，也就是把握時間，**活在當下**。

活在當下。你活在當下或正在浪費時間呢？你有沒有把握時間，或只是翹首盼望**某一天**的到來？

那部電影還有另一句話發人省思。費瑞斯的朋友問，「我們蹺課要做什麼？」他微笑回答，「問題不是我們**要**做什麼，應該問我們**不要**做什麼？」

考慮蹺班時，也許從**不做**什麼開始思考比較容易，費瑞斯不想浪費晴朗的春日坐在教室上課，他想趁朋友還沒分道揚鑣之前，和大家共度歡樂時光。

你呢？你這一天**不做**什麼？記得，這只是假裝，不必太實際，想做什麼都可以，盡量發揮想像力。

你認為，「我很忙，根本不可能蹺班。」

二十多歲的珍娜爾就是這麼告訴我，她說，「我選了很多課，還要當服務生賺學費，我不是在教室，就是在溫書或餐廳打工，我沒有一天下午有空，更別說一整天了。」

我明白。如果你也一樣，那就在腦子裡**假裝蹺班一小時**吧，哪件事情可以讓你先放下待辦事項，好好休息？

讀者會在第十章讀到，撥一小時做你自己愛做的事情並不自私，可以彌補你無法控制的時間。

既然你已經想過，哪些事情可以讓你炯炯有神，現在該找出哪些因素造就或妨害你的幸福。

2

謹記黃金歲月

「成功無關財富、聲名或權力，而是我身邊有多少炯炯有神的目光。」

——英國指揮家／班．贊德

我身邊淨是炯炯有神的目光，那天是我的生日，是重要日子，親朋好友都從各地飛來幫我慶祝這個生日週末。我們先玩「這是你的人生」益智猜謎，我的朋友瑪莉和丹妮絲問大家：「以下何者為真？莎曼在白宮打網球，結果福特總統的黃金獵犬把球咬走？莎曼給綿羊吃口香糖，好讓牠們在郡立市集比賽中保持安靜？莎曼上大學時參加過牛仔競技比賽？」答案呢？以上皆是。

隔天我們去湖邊散步，然後美食家茱蒂．葛雷親自下廚料理。我們其他人坐下來閒聊，套句夏威夷人的說法，就是「講故事」[3]。妮夏分享她最近去埃及旅行，還見了一位薩滿（巫師），有個不相信靈性又慣用左腦的朋友說，「我不知道薩滿有什麼用。」茱蒂從廚房高聲說，「不要壓就對了。」（讀者可能要跟我差不多年紀，才會記得衛寶先生在廣告中的臺詞[4]。）

有人提到《午夜巴黎》很好看，我們決定去看電影。片中歐文．威爾森飾演的小說家男主角想回到海明威、費茲傑羅、達利以及葛楚．史坦[5]住在巴黎的年代。透過電影魔法（以及暫時拋下現實框架的限制），歐文的角色如願以償，回到一九二〇年代的咖啡館，與這些大師談古論今。

到了電影尾聲，某女子發現威爾森飾演的吉爾來自未來，懇求他分享魔法，她想回十七世紀認識林布蘭。

吉爾抓住她的肩膀，懇求她明白他頓悟的事實，所謂的幸福不是沉溺在另一個時空，不是出入上流社會，而是把握當下，珍惜所愛。

他求她，「別這樣，這才是黃金年代，這才是黃金歲月。」她不理會，堅信另一個時空才有她追求的幸福。

當時我就知道，現在我也明白。

只要我們夠幸運，可以和所愛的人在一起，**那些日子**就是黃金歲月。每天醒來都能享有健康，那就是黃金歲月，可以自由走動，體驗大自然的神奇，那就是黃金歲

3. Talk story，夏威夷人熱愛閒聊，跟陌生人也能聊得很起勁，他們甚至有個特別的說法，就是「講故事」。
4. 北美經典廣告，意思是衛生紙品牌 Charmin 特別柔軟，所以超市經理衛寶先生得看好顧客，別讓他們擠壓衛生紙。因為「薩滿」和「夏敏」衛生紙發音類似，才有這則小故事。
5. Gertrude Stein（一八七四——一九四六），美國作家、詩人，後來在法國生活，與藝文圈有緊密聯繫，住所成為知名創作者聚集的地點。

月。我們可以做自己擅長又在乎的事情，那就是黃金歲月。

你呢？你何時體驗過黃金歲月？什麼時候覺得萬事美好，你又覺得幸福快樂？

我們在本章將探索要用什麼方法，才能享受更多的黃金歲月，其中一個方法就是釐清「真正的重要事項」以及「實際的優先順序」，看看兩者是否吻合。如果是，你的人生符合你的價值觀，否則我們有得忙了。

你的人生是否表裡如一？

「記得你已經走了多遠，而不是還有多長的路。」

——美國牧師／華理克

依序從上到下，請寫出你最看重的五件事情？是家庭？朋友？健康？事業？信仰？回饋社會？寵物？政治？嗜好？還是傳承歷史？

真正的重要事項：

1
2
3
4
5

同樣地，每週花最多時間的順序又是什麼？

實際的優先順序：

1

2

3

4

5

請比對兩份名單，第二份和第一份相似嗎？

結果可能帶來莫大啟示。有位參加工作坊的四十多歲男子布萊恩說，「莎曼，如果我非得現在離開工作坊，這個優先順序的測驗最值回票價。我看重的依序是家庭、健康、信仰、回饋社會、學習，因為我很重視持續成長。」

「結果我把多數時間花在哪裡？如果我老實回答，而我也希望直言不諱，依序是工作、工作、工作，家庭勉強擠到第四，信仰雖然排第五，分配到的時間卻很少，因為我一個月只上教會一到兩次。我沒花任何時間照顧健康、培養興趣。以前我會彈吉他，如今都好幾年沒拿過了，我沒時間上課、參加大會，所以也沒有任何學習，真是當頭棒喝啊，只是我不知道如何改善。」

我告訴他，「當務之急就是從第一張清單，也就是『真正的重要事項』中找出受冷落的那項，這週就挪時間經營。」

從事「真正的重要事項」清單上的一項，就能做出極大改變，我最愛的例子來自某位齒科矯正醫生，他說，「妳知道哪一個是我的『實際優先順序』第一名嗎？工作，我每週花六十小時幫人戴牙套，沒有人想看到我。家長擔心花錢，孩子擔心戴多久、痛不痛，問題是多數人都覺得我擁有成功的人生，我有自己的診所、雇用十個員工，賺得也不少，但這不是我想過的日子。」

「否則你想做什麼？」

「妳知道我在『真正的重要事項上』寫了什麼嗎？天文學，我高中的最愛。我從小喜歡看科幻小說，十歲生日禮物就是望遠鏡，晚上常常盯著天空看。但是選主修科目時，我爸媽說我必須做出明智選擇，因為沒有人會花錢請我看星星，所以我申請牙科，現在成了矯正醫生。」

中間過程省略，我們腦力激盪，想辦法解決他做不喜歡的事情該如何得到彌補，他不想放棄職業，只是想重拾快樂，如今他每週開車到加州大學柏克萊分校的天文臺，向知名天文學家學習。他笑著說，「妳可以說我又變得炯炯有神了。」

你呢？你從這兩張清單學到什麼？你花時間做自己看重的事情嗎？兩張清單相符合嗎？兩張單子越相似，你擁有的「黃金歲月」越多。如果不是，你這週打算，如何找時間做你真正想做的事情？

進行「快樂訪談」

「不發問的人永遠一頭霧水。」

——美國天文學家／奈爾・德葛拉斯・泰森

既然你已經比對了「真正的重要事項」和「實際的優先順序」，以下十個問題有助於你釐清，截至目前為止，哪些事情造就你的快樂，這個訪談要能發揮最大功效，請遵守以下準則。

- 如同先前做「快樂測驗」，請誠實作答，不需要繞著真正的問題，寫出「政治正確」的答案。
- 請上網下載rev.com應用軟體，錄製答案，有個朋友告訴我，如果她覺得疲累，她就再聽聽自己的訪談。她可以重新找到重心，記起每天只要做一件事，就能讓日子過得順當，甚至覺得心情愉快。
- 把這本書帶著，找個好朋友一起共進午餐。找人訪問你，你的思緒更不會受到打斷。有些人不肯深談，因為我們不確定別人想不想聽，正好趁這次，對好朋友打開心房。（也許下次就輪到他們。）

●拿出記事本，打給朋友，立刻安排「快樂訪談」，這是你送給自己的禮物。

請記住：訪問你的人不必住在同一個城市，你們可以用Skype或FaceTime視訊。有對姊妹分住東、西兩岸，她們就用電話訪談，兩人都說這是她們多年來最有意義的對話，「沒有人比我姊（妹）更了解我，我們有五十年的共同歷史，一起回憶過去非常有意思。」準備好了嗎？請按錄音鍵，預備，就位，回答吧。

1. 滿分十分，請問你現在的快樂程度是幾分？誰或哪件事情讓你快樂、害你難過？請說明。
2. 小時候的家庭生活如何？以前開心嗎？開心或不開心都請詳細解釋。你的兄弟姊妹、爸爸媽媽呢？童年快樂嗎？還是不太快樂？請問童年時光對你有影響嗎？
3. 請填空。「如果還來得及，我希望＿＿＿＿。」（答案是什麼？更常旅行？創業？尋找心靈伴侶？為什麼你覺得已經來不及了？是真的嗎？）
4. 請問你認識的人當中有哪位很開心？你為什麼這麼說？請詳細說明。
5. 「如果要精簡我的人生和物品，我會放棄＿＿＿＿。」哪些事情阻止你停止、捨棄、清掃、整理上述那件事？
6. 請完成以下句子。「金錢是＿＿＿＿。」請問你如何描述目前的經濟狀況？

7. 你有足夠的錢花用嗎？你需要／想要多少錢？你認為自己會有足夠存款退休嗎？為什麼？

8. 聊聊你的身體吧！你身體健康嗎？體力好嗎？有病？感到痛苦？如果滿分是十分，你覺得現在的狀況是幾分？這對你的生活品質有何影響？

9. 如果滿分是十分，工作帶給你幾分的充實感？你為何喜歡這份工作？又為什麼不喜歡？你從事的是適合的工作或行業嗎？請說明。

10. 想想你的朋友、同事：

a. 同事：你喜歡、欣賞、尊重你的同事、上司或下屬嗎？如果喜歡，為什麼？如果不喜歡，又是為什麼？這對你的日常生活有影響嗎？

b. 朋友：你生命中的重要親友（家人、配偶、朋友、鄰居）支持你追逐幸福嗎？如果是，請說明，如果不是，請提出具體例子。

11. 你曾經覺得有強烈的天命在呼喚你？你覺得出生就是為了做這件事情？你曾經努力追逐夢想嗎？如果有，結果如何？如果不成功又是為什麼？

快樂訪談之後該做什麼

「你截至目前為止過的生活，不一定非是你唯一的人生。」

——美國作家／安娜．昆德蘭

許多人說，這個「快樂訪談」意外地發人省思。

例如有位女子說，「我做了『快樂訪談』之後才發現，我爸媽是多嚴重的負面教材，時至今日仍然影響哥哥和我。他們的囤積癖已經接近病態，還有強迫症，我們家亂七八糟，既令人尷尬，又令人覺得心情沮喪。我們兄妹從沒邀請朋友回家，晚上吃飯也從未聊過當天過得如何，並不享受彼此的陪伴，父母也沒為我們加油打氣，我們兄妹都等不及長大離家。」

我問她，「這種養育方法如何影響妳現在追求快樂？」

她幾乎快哭出來，「我始終認為自己注定不幸，但妳說我們可以利用過去當成**藉口**或**動機**，成人之後，幸福與否關乎我們**現在**做什麼，而不是過去幾十年發生了什麼。妳引用林肯的話，『多數人決定要有多快樂，就有多快樂。』這句話深深打動我。我決定要快樂，而不是把現在的不幸怪罪到父母身上。」

你呢？做完「快樂訪談」之後也有頓悟嗎？從今以後，為了喜歡自己、更享受自己的人生，你能做什麼？又願意做什麼？

如果你想等有空再做，繼續讀下去。你會發現，快樂不需要**有空**，而是要你別再等待**恰當**時機。往下看，你就會知道。

3 要有危機意識

「母親總說我不會出人頭地，因為我做事拖拖拉拉……我說，『妳等著瞧吧。』」

——美國喜劇演員／茱蒂．田努塔

回到我偷閒去拉古納海灘那天，當時我決心仿效小說家約翰．葛里遜，每天早上起床之後就寫作。

事與願違。我大概持續了兩週，忙起來之後就停了幾天，等我回神時，寫作計畫又被我束諸高閣了。

後來以為身體出狀況，我才擺脫老毛病，改掉拖拖拉拉的習慣。

因為呼吸道感染，我病了好幾個星期，我卻硬撐。因為我有地方趕著要去，有人需要我，我只能暗自希望身體痊癒，可惜沒有。

某天早上我病到無法下床，有個朋友緊急送我去掛急診。醫生檢查過，又幫我照了X光之後，說我得了黴漿菌肺炎。開處方時，醫生問，「妳怎麼這麼晚才來看醫生？」

我迂迴地說自己很忙，他聳肩說，「妳很幸運，我開阿奇黴素，只要十天妳就會好多了。但這只是警訊，如果妳再不好好照顧自己，身體會做更嚴重的事情引起妳的注意。」

這句話不啻是警鐘，但是要等到幾週後，有個夢境「下載」（下一章再詳述），我才徹底醒來，不再拖延我真正想做的事情，將「有一天要做的事情」轉成「今天就做」。

你延後了哪些事情？

「所謂的人生，對我們多數人而言，只是一場漫長的拖延。」

——美國文壇大師／亨利・米勒

問題是我為何拖延自己的願望？多數人為何延遲真正想做的事情，儘管我們都知道這些事情會讓我們更快樂、更健康？我們沒這麼傻，對不對？結果我們繼續拖，樂觀地以為往後就有時間了。

有個年輕父親傑夫告訴我，「我不再做白日夢，太痛苦了。我就低著頭，一天過完一天，盡力就好了。」

媽啊，我再繼續追問，他說，「我愛老婆、孩子，真的，但是人生不如我的想像。我們夫妻都有全職工作，一個兒子身體有問題，沒辦法睡整夜，所以我們只好每天忙個不停。也許某一天，我會有做夢的餘裕，但是連短期的未來，我都無法想見。」

傑夫的故事就是許多人對我說的話，「我不可能做自己想做的事情，我眼前就有太多義務要承擔。」

這就說到本書的精髓，許多人都認為**自己不是人生的主人**，也無力改變。「這就是人生。」他們告訴我。

錯，人生不是這樣。沒錯，有些事情超出我們的能力範圍，例如孩子有特殊需求，例如父母得了老年癡呆症，例如公司破產害我們失業。

如同猶太大屠殺倖存者維多．弗蘭克在《活出意義來》中說，「人類的一切都能被剝奪，唯有一項例外，這也是人類最終的自由——你可以選擇因應環境的態度，選擇如何面對。」換句話說，我們也許無法控制生命的變化，卻能控制如何應對，你其實擁有更大的自主權。也許你無法改變**形勢**，但可以改變心態。

我們拖延耽擱最常使用的藉口

「你知道變革的第一要件嗎？危機意識。」

——哈佛大學商學院教授／約翰．科特

請花點時間看看人們如何解釋，為何不做出改變，想想哪個覺得耳熟。

1. 時間：你等待擁有更多時間、等待恰當時機做你想做的事情嗎？如果始終等不到呢？如同歌手約翰．傳奇所言，「未來已經抵達，我們已經遲到。」「心法五」分享如何變得更快樂，而且都要不了多少時間。

2. 金錢：《美國有線電視財經新聞網》報導，「百分之七十八的美國人自稱是月光族，十人當中就有六人的銀行存款不到五百美元。」幸好，在重要的層面（第十七章）擁有豐富資源不花一毛錢。例如我昨天在公園看到一對年輕夫妻帶著學步小童，一家人開心地玩吹泡泡。我心想，「人們花幾千美元去遊樂園玩，也不見得比不花一塊錢更快活。」就像鄉村音樂歌手葛斯．布魯克斯所說，「擁有金錢無法買到之物，才是富裕。」

3. 家庭責任：某位女子說，「公司付我巨額補償費，所以我可以提早退休，沒料到我的雙親都被診斷出罹患失智症，結果我成了全職看護工，這不是我當初想像的五十歲生涯。」你呢？你也忙著照顧孩子、父母、同事、其他人，已經沒有時間（或精力）留給自己？

4. 工作優先順序：蓋洛普民調指出，「百分之七十二的人在工作崗位上沒得到任何啟發，也不快樂。而且還有百分之五十二的人沒用掉給薪假。」怎麼回事？史丹佛教授丹妮絲・布洛梭告訴我，「矽谷的人認為，『睡在辦公桌下』幾乎等同榮譽勳章，每週工作六十小時是常態。」你呢？工作主宰你的人生嗎？又要付出什麼代價呢？

5. 健康問題：你有疼痛、殘疾、病痛，以致不能從事你喜歡的事情？你認為健康是理所當然，暗自發誓下週一絕對開始健身？

6. 害怕改變：改變也許很可怕，你知道哪件事情更恐怖？悔恨。第八章會提到在切薩皮克灣駕駛帆船，探索為了自己鼓起勇氣的故事，西部小說家路易・路蒙說，「只是自滿自足，就不會有任何進步。」

7. 「我不知道自己要什麼。」有個朋友在母校的畢業典禮致詞。畢業生上臺拍團體照，結果大家掀開長袍，裡面的T恤寫著「我不知道」。覺得耳熟嗎？如果不知道自己要什麼，很難有所追求，下一章會幫助你了解，如何展開有意義的下一步。

8. 得不到重要親友的支持：你放棄夢想，因為被別人潑冷水，說你的願望愚蠢又無聊嗎？第六章告訴你該如何忽略這些人，別讓對方阻擋你或導致你質疑自己。

9. 認命：有個咖啡杯上寫著這句洩氣的標語：「我知道我一定做不到，所以乾脆不要有任何期望。」有個五十多歲的男子說公司給他高額津貼，以免他另謀高就。我問他，「你有沒有什麼期待？」他一臉茫然。媽呀。前總統羅斯福說過，「勇於接受巨大挑戰……也強過活在灰色暮光裡。」一本書開宗明義就說人生應該拿來享受，不是拿來忍受。「心法五」教導大家歌頌每一天，而不是活在「灰色暮光裡」。

徹底改變永不嫌遲，也不嫌早

「形勢不會因為偶然而獲得改善，有所改善一定是透過改變。」

——美國知名商業哲學家／吉姆·羅恩

上述哪個理由讓你覺得心有戚戚焉？請記得，即使這些理由過去讓你裹足不前，以後不見得能阻擋你。

身為萬物之靈的人類，我們隨時都能有所改變。我們要找出想改變的**一件事**，加上危機意識，才能立刻起而行之，而不是繼續擱置。

翠許就是個好例子。她雙眼發亮地告訴我，她即將從中西部搬去紐約。如同許多立志成為演員或歌手的前輩，她參加學校話劇、社區劇團表演，夢想到百老匯演出。她說，「但那是兩年前的事了，我租一間小套房，當服務生養活自己。平常有空就是參加試鏡，卻沒接到任何回覆，我很沮喪，就快放棄了。」

我問她，「妳聽過『清晨跳舞』嗎？這個團體是清晨聚會，地點是在紐約各地的超棒景點，可能是郵輪、藝術工作室或戶外頂樓。這個聚會可以做瑜伽，提供健康飲料、DJ，而且沒有壁花，所有人都得跟著音樂跳舞，這總好過妳孤單地待在家裡，喪氣度日。」

翠許立刻行動。她報名參加下一個活動，後來回報說，「用這種方式展開一天實在太棒了。早鳥票只要二十美元，就連我也付得起。妳說得對，大家都很友善，我不敢相信自己差一點就放棄，打包回家。我不只因此找到朋友，每週都有一件事可以翹首盼望。」

我聽到翠許的故事很開心，這就證明我們只要願意在能力範圍之內做出改變，生活就會有所變化。身為演員，她的事業能否成功，不在她的掌控之內。她可以繼續精進演技、參加試鏡，也不見得能成功爭取到。

她不讓這些事情打敗她，反而做出**改變**，改善生活品質，我不知道後來翠許過得如何，也不知道她的演藝生涯是否有突破，但我知道她現在比以前快樂，這不就是我們所有人的目標？

你是主宰人生方向，還是隨波逐流？

「壞消息是光陰飛逝，好消息是，你自己可以控制。」

——美國勵志演說家／麥克・亞斯勒

難處在於我們**想**改變，甚至知道自己**需要**改變，卻不見得表示我們**將會**改變。多數人一輩子都安於現狀，如同約翰・科特所說，要有危機意識，才能**主宰人生**，而不是**隨波逐流**。

在威基基海灘辦工作坊時，我們做了問卷調查，就看到人們多麼偏好拖拉延宕。碧芙莉說，「我參加過勵志活動，雖然回家時充滿幹勁，後來又開始忙日常瑣事。兩週後，生活又回到老樣子，妳有任何建議嗎？」

我告訴她，「假裝S.E.E.，妳才會有危機意識。所謂的S.E.E.就是重大情緒事件（Significant Emotional Event）。可惜這類事件不是非常戲劇化，就是痛苦難忘。我們可能生病、離婚、失業，被迫重新檢視生活方式。我們發現人生沒有保障，因此專注於**當下**最重要的事情，因為我們明白，往後不見得有機會。那何不假裝發生S.E.E.？得到頓悟，又不必經歷痛苦。」

「偽S.E.E.要用什麼案例呢？」

「現在就可以。妳問自己，『如果我的壽命只剩下一週，我會**停止**做什麼事情？我會**開始**做什麼？我會**改變**哪些事情？』」

「妳要我們想像自己一週後嚥氣？這不會太病態嗎？」

我微笑。「思考自己生命有限並不**病態**，反而讓人**幹勁十足**，有時就需要這個理由，才不會再將人生、健康、摯愛和自由視為理所當然。」

她說，「好吧，我就配合演出，如果我只剩下一個禮拜可活，我不會再讓恐懼主宰人生，我會開始做以前害怕的事情。」

「好比說？」

「好比走進大海，小時候看了《大白鯊》，真是大錯特錯，結果現在來夏威夷，我甚至沒下過水。」

我說，「好，我們要克服這個恐懼，方法之一就是明白，恐懼無法預防**出差錯**，反而阻止妳**做得對**，妳知道戰爭紀念館的海水泳池嗎？就是衝浪之父杜克・卡哈納莫庫游泳的保護海域？只有三呎深，絕對不會淹死，而且隔開海水的高牆只有一小塊開口，所以浪花絕對不會湧進來……更不可能有鯊魚。我們現在就訂下日期，免得妳臨陣脫逃，妳何時離開夏威夷？」

「兩天後搭機。」

「那就明天吧，鬧鐘設為早晨六點，到時妳一定想翻個身繼續睡，妳就問自己，『**一年後什麼事情比較重要？**多睡一小時？還是克服恐懼，全面體驗人生，離開床鋪去增加獨特的經驗？』」

「值得試試看，但為什麼非要一早六點不可？」

「因為日出是六點半，太陽從鑽石頭山東升時，妳最好已經站在海邊，這就是夏威夷人口中的『雞皮疙瘩』經驗，這些體驗如果背後又有暗喻，那就更有意義。妳不只走進海裡，還踏進新生命，此後都會記得自己終將一死，當下就把握良機，而不要有一天再做。」

我又補充，「這是我的名片，請傳簡訊給我，告訴我後續發展，好嗎？」

隔天碧芙莉傳簡訊，「**我辦到了！**」還附加一個笑臉的表情符號。

你延宕哪些「真正的重要事項」呢？與其敷衍地說**有一天**行動，能不能假裝S.E.E.，給自己一點危機意識，才能**今天**就開始？如果因為恐懼而裹足不前，能不能自問，「一年後會有什麼不同？」提醒自己，「恐懼不能預防情勢出差錯，只會阻止你做得對。」

查克・葉格（第一個突破音障的飛行員）說，「在關鍵時刻，面對的不是理由就是成果。」在下一章，你會學到更多方法，可以將理由（藉口）轉化為成果（行動），首先就是**創造**你認為有意義的任務或夢想。

心法二

「創造」一個屬於你的夢想

「告訴我，你對你狂野又珍貴的生命有何計畫？」
——美國詩人／瑪莉・奧利佛

你已經評估快樂歷史，也探索為何延宕執行「真正的重要事項」的原因，接著該到第二招，也就是創造發人省思的夢想計畫，給自己一個每天起床的理由。

4 闡明你要什麼

「該問的問題不是……『我的目標是什麼？』，而是『什麼能激發我的熱情？』」

——美國著名勵志演說家／提摩西．費里斯

吃完治療黴漿菌肺炎的阿奇黴素（幸好這些藥物幫助我完全康復）幾週後，我開車經過聖塔芭芭拉附近的加州一〇一高速公路，我正要去威爾夏鄉村俱樂部工作坊，而那個俱樂部是卓別林和亨佛利．鮑嘉以前出入的場所，那天晴空萬里，我不斷看到大海上鑽石般的反射陽光。

突然間，有個夢想急於成形，你可能心想：「**什麼東西**急於成形？」

我知道這麼說很古怪，但我在茂宜創作班擔任執行總監十七年，有個重要心得就是「**你手寫你心**」。暢銷作家各有不同看法，但他們都認同，靈感躍然紙上的時候，**趕快寫下來**。「稍縱即逝」的說法不是空穴來風，如果不趕快記下來，恐怕以後也追不回來。

所以我停車，拿出隨時準備好的筆和本子，結果如下：

有人飛蛾撲火。

我卻天性愛水。

畢竟人體有六成五都是水，我們每個人都一樣，都負載著大量的水。然而馬斯洛需求層次理論[6]指出，水是生理需求。他說，生理需求往往遭到輕忽，人類常視其為理所當然。

那就這樣吧，我要展開「一年水濱生活」。（一年什麼?!）

十月一號開始，我要走遍全美，探訪各大海洋、河流、湖泊、溪澗，寫下我的省思和領悟。

我要去探訪薩尼貝爾海灘，確認作家安妮．莫羅．林白所言不假，「沙灘上的美麗貝殼撿也撿不完。」

我要去蒙大拿州欣賞河流，遠赴電影《大河戀》拍攝地點，探訪我們是不是不能踏進同一條河兩次。

我清楚知道自己無法控制這趟旅程，我得接受命運的安排，不要詳盡規劃每一分鐘。

6. Maslow's Hierarchy，美國心理學家 Abraham Harold Maslow 提出，需求層次理論將人的需求分為五個層次，由低級的需要開始逐級向上發展到高級層次的需要，包括生理需求、安全需求、愛與歸屬需求、自尊與自重需求以及自我實現需求的金字塔形狀需求層次。

我要仿效記者查爾斯・庫瑞特，沿路訪問耐人尋味的人物。

我要寫下這段冒險、心得，希望人們得到啟發。

就這麼決定。

好了，這可妙了，我停在路邊，自己也覺得莫名其妙，這是打哪兒來的靈感？天曉得，但我永遠對這個「神來一筆」心存感激。

我知道福至心靈的機率有多小，更別說連名稱和啟程日期都有。能得到這麼完整的資訊是天降鴻福，何況這還是我熱衷的興趣。

我對這一連串事件心存感激（留待第十章詳述），所以我很清楚自己會在十月一號展開「一年水濱生活」。當時雖然不清楚怎麼做，但我知道我絕對會做。

我得說清楚，我知道自己有多幸運，我單身，不必顧忌任何人，孩子都已經長大獨立，親友個個健康，不需要我照顧，我的事業可以跟我一起上路，所以我不怕金錢匱乏。沒有一個人、沒有一件事情阻擋我。

我打給姊姊雪莉，她擔任我公司的經理二十年。難怪我愛她，信任她，也感激自己有她這個左右手，因為她沒懷疑我瘋了，只說，「很好啊，我們先列出妳從今天到九月三十日的所有行程，妳才能實現夢想。」

這種反應才能推動情勢發展，實事求是，又能幫我加油打氣。如同波諾說的，我們還有五個月可以「大聲做夢」，安排相關事宜，我們果真這麼做。

你呢？哪件事情不斷呼喚你？讓你覺得人生有意義，願意積極向上，結果卻遭到擱置多年的夢想、熱情又是什麼呢？

哪件事情讓你覺得人生有意義、有方向？

「快樂就是心裡想的、嘴裡說的、實際做的都能合而為一。」

——甘地

有位二十多歲的青年泰勒告訴我，「妳知道得到『天啟』有多幸運嗎？我連午休時間想做什麼都不知道，更別說明年或後年了，問題就在我不知道從哪裡開始，又該怎麼開始。」

我告訴他，「你不覺得這很諷刺？學校教我們數學、科學、歷史，卻沒教我們如何過個有意義、有方向的人生，有些人到現在都還搞不清楚。」

他說，「我同意，卻不知道該怎麼做。」

「你開一張自己認定的幸福清單，可能會有幫助。每當我問人，『你覺得快樂是什麼？』人們往往陷入沉默，要不就是一臉茫然。如果我們不知道什麼是快樂，快樂來臨時，我們怎麼知道？」

我永遠記得我參加某個會議的分題小組，主講教授討論「快樂的歷史」，他也寫了相關主題的書。六十分鐘當中，他多半引用亞里斯多德、蘇格拉底和柏拉圖的名言，只留時間讓我們提一個問題。我旁邊的男士舉手說，「**你**覺得什麼是快樂？」

教授就像被遠光燈打到的小鹿，最後終於坦承，他不知道。他的回答讓大家倒抽一口冷氣，但是提問的人還不放過他，「你研究這個主題二十年，一定有自己的觀點。」

教授發現自己避無可避，便承認，「如果非要我說，我大概會附和瑞典神學家史天達的看法，『描述快樂就會減少快樂。』」

小組討論就到此結束。哇。我轉向隔壁那位男士，「我**非常**不贊同，我認為詮釋、描述快樂，有助於我們更警敏，也更能心存感激。」

他點頭。我問，「你上次覺得快樂是什麼時候？」

他想了想，微笑說，「我女兒上週從醫院打來問我的意見，她追隨我的腳步，成為內科醫生。他們碰到一個重病患者，無法找出問題，我請她列出所有症狀，因此得到預感，問他們有沒有檢驗對方是否罹患某種罕見疾病。他們沒想到，她隔天打來，說我沒猜錯。他們已經開始治療，似乎及時發現，所以患者有可能好轉。」

我告訴他，「那就是快樂。子女如此尊重你，還繼承你的衣缽、詢問你的意見，因此救了患者一命，更別說你們父女還能有相同的回憶。你剛剛描述那件事並沒**減低**快樂程度，反而**加深**快樂情緒吧。」

你呢？你何時覺得幸福洋溢？在腦海中再想一次，當時有誰在場？他們說了什麼？你為何覺得那是你的黃金時刻？

請記得，快樂不見得是「開心開心樂陶陶」。你不一定會像漫畫中的史努比，還會高興地跳到空中，快樂拍手（還是拍腳？）跳舞。你覺得快樂是什麼？是什麼心情？是默默感到心滿意足？覺得歲月靜好？覺得和別人投緣或認同某件事情？接下來這個練習可以幫助你了解快樂是什麼。

你覺得什麼是快樂？

「有人問我快樂三要素。我的答案是，覺得自己可以誠實面對自己和親友；覺得自己做人、做事已經盡力；還有，愛人的能力。」

——美國首任駐聯合國大使／艾蓮娜．羅斯福你的快樂三要素又是什麼？可以寫成一句話嗎？以下是幾個範例，請自由取用，打造出你自己對快樂的定義。

對我而言，快樂表示活在當下，熱愛每分每秒。

對我而言，快樂是我知道自己重要，也能和我重視的人相伴。

對我而言，快樂就是隨時隨地都能表現出最好的自己。

對我而言，快樂是愛人，也被愛。

對我而言，快樂是積極、正面地影響最多的人，又能和親友相伴，過著健康、充滿感激的人生。（以上是我的定義。）

好，換你了。對我而言，快樂是＿＿＿＿。

把快樂當成技能、當成一個選擇

「不進步才危險。」

——亞馬遜創辦人／傑夫．貝佐斯

寫下自己的詮釋時，也許還得提升你對快樂的看法。這不只是某種**心情**或**成果**，也是一種**技能**和**選擇**。我認識許多成就非凡的人，他們明明有理由幸福快樂，卻唉聲嘆氣。我也認識某些人正面臨重大挑戰，卻能心平氣和地接受自己和人生。

美國演說家協會前主席葛蓮娜・薩斯柏利就是最好的範例。我剛和她通完一個月一次的電話，就算只在走廊見到她幾分鐘的人，都會說她溫暖友善，可以讓任何人覺得自己是世上最重要的人。多數人不知道她正在對抗第四期的癌症，她不需要假裝碰上重大情緒事情，她正在親身經歷。她把每一天都當成最後一天，所以不能過得陳腐老套，而是要拿出真心真意。

葛蓮娜告訴我，「我昨天很開心，覺得狀況還不錯，可以開車去辦事。我記得進郵局時心想，『我好快樂，我真快樂。』」

我說，「葛蓮娜，滿分十分的痛苦，妳現在經歷的是九分。妳為什麼還覺得快樂？」

「理由很單純，我可以開車，天氣晴朗，女兒愛我，我很高興自己還活著。」

我問，「哪些事情是妳現在知道，但希望人們早點明白？」

「我希望他們心裡覺得自己來日不多，就能幫助他們更**注意**自己如何度過每一刻。」

「什麼意思？」

「更注意就是記得活著便是最大的福氣。知道自己壽命有限，我們就會更小心平時怎麼打發時間。我每天都問自己，『這件事情真的重要嗎？長遠看來，什麼才重要？』」

你將真正重要的事情當成悔不當初的想法嗎？

「沒有人能活著離開，所以請別再把自己活成一個悔恨。」

——奧斯卡影帝／安東尼・霍普金斯

與葛蓮娜通完電話之後，我沉浸在她的睿智想法中，自問，「我是否尊敬生命這份大禮？我有沒有留意自己如何分配時間？到頭來，我會後悔沒做哪件事情？希望當初做了該有多好？」

答案立刻浮現，我一定希望自己多找家人一起出遊。過去這一年，我很幸運可以在兒子與他們的家庭之間多花點時間，但是上回我們全家團圓已經是**三年前**的事。

太久了，我是大家長，應該登高一呼，因此我傳電子郵件給每個人問，「誰要和我一起去參加波德勇者十公里路跑？」

波德勇者路跑是全美國第二大的十公里路跑競賽，任何人都能參加，專業跑者、快走愛好者、坐在嬰兒車裡的寶寶，甚至奇裝異服的公司團隊都能參加。這個比賽可以成為我們鍛鍊的目標，也能值得我們期待，我們可以開心鍛鍊體力，又能一起創造快樂回憶，發起這項活動真是再合適不過了。

這件事也符合我對快樂的認知，也就是和親友一起過健康又感恩的日子，這也是推動「真正的重要事項」成為「實際的優先順序」的可靠方法。

你呢？你仔細規劃或輕率浪費時間嗎？你把「真正的重要事項」當成將來的悔恨嗎？想像自己時日不多，你會有什麼遺憾？希望自己做了什麼？何不乾脆現在就做？

科幻小說家瑪格麗特．波南諾說，「唯有以一天為計算單位，才有可能從此幸福快樂。」為人生尋找意義、方向，永遠不嫌晚，只要釐清哪些重要事項可以讓你更快樂，然後如同下一章的指示，在日曆上圈出日期，鞭策自己做一天算一天。

5 在日曆上圈出日期

「你不必看到整座階梯，踏上第一階就對了。」

——馬丁・路德・金恩

我很幸運，夢想竟然還有起始日期，雖然我看不到整座階梯，至少也看到第一階。要說我從有一天變成今天這件事學到什麼，就是選定日期才是踏出第一步，才是將虛無縹緲的願望，轉為實在的決心。

我這是經驗談。幾年前，我在歡呼聲中起床，往後院看才知道當天是著名的年度泳渡吉姆麥唐諾湖大賽，我決定帶自家的傑克羅素犬（綽號恐怖王）過去瞧瞧。唱完美國國歌之後，專業游泳選手先出發，接著照年齡分組，依序是三十歲組、四十歲組……七十、八十以上。

八十以上?!我看到那些健壯的長青選手跳入湖裡，不得不自問，「這下我還有什麼藉口？」

高中時期，我曾經是泳賽選手，還在北加擔任業餘泳隊教練，住在夏威夷時，我清晨到阿拉莫納海灘公園游泳，參加二點四哩的威基基游泳賽。如今住在湖邊，我家附近有十二個泳池，我每天卻花十二個小時坐在書桌前。最糟糕的是我知道，久坐就相當於現代的「抽菸惡習」，卻還是沒改掉，我根本毫無藉口！

這次我不再告訴自己「應該」開始游泳，我回家就點進威基基游泳賽的官網，當場報名。

我一報名就等於負起責任，這件事不再只是一時心血來潮，而是我的任務。我必須訂機票、飯店，安排游泳訓練，鍛鍊身體，才不會在比賽當天出洋相。

那次比賽成了家族旅遊，湯姆充當地勤人員，安德魯最後關頭決定參加比賽（還打敗我，給我難看），來自歐胡島和茂宜島的多年好友在終點的希爾頓夏威夷村沙灘等我們，大家一起喝酒慶祝。

如果我沒決定日期，將虛無縹緲的想望轉成實際的任務，以上這些好事都不會發生。

你打算從哪天開始？

「不要光許願，而不付諸實行。」

——美國知名作家／伊莉莎白・吉柏特

所以你今天就要起而行的事情是什麼？你何時開始推動？在日曆上圈出日期就是付諸實行，而不只是許願。

不止我一人強調這點的重要性，心理學教授大衛・狄史坦諾在《紐約時報》的報導指出，「百分之二十五的新年新希望，在一月八號之後都被丟到九霄雲外。」我們放棄夢想有許多理由，其中一個，就是我們相信維持決心的關鍵在於意志力和自制力，其實反過來說才對。如果我們已經很忙碌、疲倦、承受莫大壓力，努力要求自己成為更好的人，只是加大工作量，誰想要啊？

另一個放棄決心的理由，就是我們專注於我們想戒除或少做某些事情，導致問題惡化，因為那是我們的首要意念。

大家要明白，我們的心思無法專注於某個想法的反面，思緒無法接收「不要」、「停止」、「不做」。如果我們說，「我不要攝取碳水化合物」或「我不要再看這麼多節目」，我們的心智只能接受視覺或情緒飽和的字眼，例如「攝取碳水化合物」、「看電視」。

如果我告訴自己，「我不能再坐著那麼久」，我反而會強化這個壞習慣。

所以我們務必要刪除「幽靈」字眼，取而代之的是正面表列的字，不要提及想戒除的惡習，因此「我不要攝取碳水化合物」成為「我喜歡吃瘦肉、蔬菜和蛋白質」、「我不要再看這麼多節目」改成「我週一要參加讀書會，週三去教會練習唱詩」。

聽起來是不是就覺得，更有可能辦到？

說得越詳細，越有可能實現

「拿出足夠勇氣，表現真正的自我。」

——美國饒舌歌手／拉蒂法女王

我們第一次辦「就是今天沙龍」，有個例子就證明使用明確、正面的詞彙能增加實現願望的可能性，當時我們幾個人正討論「第二格」（想做卻沒做的事），三十多歲的金柏莉說，「我第一個寫下的就是旅遊，我高中畢業之後休息了一年，買了歐鐵通行證遊歷歐洲，我住旅館、和沿路認識的人一起當背包客，那是我人生最精采的歲月，十年前，我找到『真正的工作』之後，再也沒離開美國，我好想念那一年。」

我說，「好，我們說得更具體一點，去哪裡旅遊？」

她沉吟了一會兒，想到她始終想去的地方之後，整張臉都發亮，「尼泊爾。」

「去那裡做什麼？爬喜馬拉雅山？」

她想到之後，眼神益發晶亮，「對。」

「我們再寫得更仔細，妳要獨自去，還是結伴出遊？」

她越來越熱衷這個話題，「我想參加女子團體。」

她隔壁的女子說，「我有個朋友就參加過這種旅程，她玩得很開心，還說那是她送給自己最棒的禮物，妳的電話幾號？我傳她的聯絡資訊給妳。」

後來她們熱烈討論旅遊細節，原本寫在「第二格」的模糊想法成了具體夢想，而且在她的腦中「活靈活現」。

那就是具體規劃的力量，要不要把「我**希望**」改成「我**會**」？請填寫5W表格。

你想做、想看、想體驗什麼（What）？需要什麼資源？要實現這個願望，接下來該做什麼？

這件事情為什麼（Why）讓你覺得開心？你為什麼喜歡做這件有意義的事情？

你想去哪裡（Where）？

什麼時候（When）去？

你想和誰（Who）一起去？要實現這個願望，你可以聯絡誰？

想像的細節越多，這個願望越「真實」，因為模糊的想望從此有了畫面，有了靈魂。

諾貝爾文學獎得主賽珍珠說過，「故事裡充斥許多為情所傷的心，但真正令人心碎的是夢想遭到剝奪，無論那夢想是什麼。」

不在日曆上圈出日期，才會奪走夢想。如果想要夢想成真，就是在你每天都能看到的地方張貼5W表格——什麼？為何？何時？哪裡？誰？寫得越詳細，你越能全心投入，夢想也越有可能實現。

既然你已經知道自己認定的快樂，知道什麼事情能讓你翹首盼望，下一步就是幫助你清除障礙物。

心法三

「摒棄」過時的信念和行為

「你無法要什麼有什麼，否則要放哪？」
——美國脫口秀天王／喬治・卡林

你已經評估快樂歷史，創造有意義的夢想，為人生指引方向，現在該摒棄不重要的枝微末節了。「摒棄」意謂「斷絕、放棄、捨棄」，我們就該這麼對付佔據時間、精神、資源的體力活、心事，才能從事更重要的事情。

6 別理唱反調的人

「別讓他們馴服你。」

——美國舞蹈家／伊莎朵拉．鄧肯

我很興奮自己訂下「一年水濱生活」計畫，決定在某個美國新聞俱樂部沙龍宣布，只是沒想到某些與會者的反應竟然那麼冷淡。

我分享（我自覺是）好消息時，多數人都歡呼鼓掌，有些人還大叫，「帶我一起去。」

有些人沒那麼贊同，其中一人甚至把我拉到一旁，憂心忡忡地問，「妳沒事吧？」

我驚訝地說，「沒事啊，怎麼了？」

她沒直說，但我發現她可能以為我來日不多，才會有此「重大改變」。

我向她保證，「我這不是中年**危機**，反而是**釐清狀況**。」

另一個說，「天啊，真好。多希望我也能休假一年。」他似乎暗示我和歌手辛蒂．露波的歌詞一樣，「只是想找樂子的女郎。」

有個企業顧問告訴我，「我一方面覺得羨慕，一方面又覺得我如果**無所事事**會瘋掉。」他繼續說，「莎曼，妳不要走漏風聲，如果大家知道妳不工作，客戶找不到妳，一年後恐怕會關門大吉，妳確定要把辛苦掙來的事業付諸東流？覆水難收喔。」

嗯，我的確希望生活過得有滋有味，這個決定的確也是重大改變。然而我並沒打算「無所事事」，我的人生也不是「出問題」，必須逃避。此外，我不想對客戶隱瞞這項冒險計畫，就為了擔心他們對我失去尊重或興趣。

我沒想到竟然是歌手詹姆斯．泰勒解救我，提供正確「心態」，我正在收看哥倫比亞廣播公司的「週日晨間新聞」，記者問泰勒，「你剛推出新專輯，這是十二年來第一張，為什麼隔了這麼久？」

泰勒說他需要時間、空間錄製新音樂，而且這些年都忙著巡迴演唱，記者說，「所以你得擱下工作才能作曲？」

泰勒想了一會兒說，「我沒**擱下**工作，只是進行**另一種**工作。」

啊，這就是「一年水濱生活」的完美心態，我不是擱下工作，我是做另一種工作，我不是**無所事事**，我做的事情反而讓我每每想到都欣喜若狂。

你呢？你說要發起某件事情，卻被人潑冷水嗎？你告訴另一半，你要學新技能或重拾舊嗜好，對方不支持，還說盡喪氣話？

這對你有何影響？他們因此說服你放棄夢想？因為對方打擊你的信心，你就捨棄理想？

幫自己打氣

「只有你最清楚自己的價值。」

——美國歌手／琵兒．貝利

如果你的計畫不斷遭到延遲，以致影響你的決心，連帶導致你無法做更多重要事情，那麼你就該找到對你有信心的人，而且越多越好。研究顯示，要成功改變習慣，主要預測指標就是周圍是不是有支持你、與你分享共同目標的同伴。

大家應該想像得到，這也有適用的應用軟體。

「Complete Labs」執行長贊德．舒茲指出，他們的研究顯示，人們放棄目標不見得是缺乏啟發，有時是缺乏責任感。「他們知道自己想做什麼，得做什麼，卻少了一點貫徹始終的額外動力。」

換句話說，如果要有足夠毅力完成挑戰，就得伸手求援，而不是避開人群，躲在家裡。

《轉化行為醫學》二〇一三年某篇研究指出，在推特公布減重過程的人比隱而不宣的人更有成效。理由相當充分，有觀眾時，我們比較願意負起責任，而且外界的鼓勵更能幫我們打氣。

我的例子就是。

當時我有許多幸運巧合（留待第十章詳述），其中一個是我收看泰勒訪談一天後，發現他在我家附近辦演唱會。我買了兩張票，問朋友是否願意一起去。

這位朋友莉．賽夫欣然答應，也樂於從賓州赫爾希開車接送我。

莉的工作是幫公司主管階級籌辦智囊團聚會，我提到朋友說離群索居的「危險」，問道，「妳覺得我最好不要張揚這個計畫嗎？」

她說，「莎曼，不要小看妳的客戶，他們應該會為妳感到開心，當初就是妳教我，如果把馬車藏起來，別人就無法跳上來共襄盛舉。只要妳清楚表明不是永久停業，依舊會巡迴演講、提供諮商服務，客戶一定會支持妳，也希望了解妳的近況。」

莉說得對，我在下一期公告宣布計畫，結果令雪莉和我不知所措，不是難過，而是開心，因為大家紛紛慷慨邀約。「我有艘船屋在索薩利托，可以借妳住。」、「來惠德比島，我們一起寫作、賞鷹。」

我永遠感激詹姆斯．泰勒和莉．賽夫，因為他們提醒我，當我們推動新計畫時，最為我們著想的人通常也樂見其成。

此後只要有唱反調的人說我的計畫可能出錯，我便自問，「他們有何意圖？真心為我著想嗎？還是心懷不軌，關心自己更勝於我呢？」

結果一次又一次，真正的朋友一一出現，各個都奮力幫忙完成我們的夢想。提到心法六時，我會更詳細敘述如何找到志同道合的夥伴，現在先討論碰到唱反調的人，你可以怎麼做。

有人潑冷水，你該怎麼做

「有時人們想毀了你，是因為他們看到你的力量，不是他們看不出來，反而是因為他們知道，而且不希望這種力量繼續存在。」

——非裔知識分子領袖／貝爾．胡克斯

有位來自澳洲的溫蒂說，「聽過『棒打出頭鳥症』嗎？有人會打下妳這個出頭鳥，因為他們眼紅、有佔有慾。他們不希望妳更好，以前我就碰過。我每次有新點子，他就會猛烈砲轟，還補一槍，『我這麼說，是為妳好。』我真希望有辦法知道他是真的替我著想，還是替他自己打算。」

我告訴溫蒂，「妳可以問十個問題，就知道對方是站在**妳**的立場，還是從**他們**的利益出發。藉由回答這些問題，妳就能判斷這些唱反調的人，是不是所謂的百分之五。百分之九十五的人想和他人合作，希望雙贏。百分之五的人想掌控大局，只想自己贏，這百分之五的人想擊垮妳，希望妳越平凡越好，因為他們認為妳的幸福就是一大威脅，他們擔心妳一旦從事妳喜歡的事情，妳就會離開他們，這些人不在乎公平，只希望妳別走。如果答完這些問題，此人顯然習慣打擊妳、潑妳冷水，最好請對方離開妳的人生，否則就是妳自行離開。」

澄清測試，看清楚唱反調的人

「當別人向你露出真面目時，第一次就該相信。」

——美國非裔作家／瑪雅．安傑盧

想一想，你分享重要事項時，哪個人總在你面前擺出重重關卡。這個人做了什麼事、說了什麼話，導致你氣餒或懷疑自己？現在請問自己以下問題。

1. 這個人知道他們所作所為打擊你的信心嗎？他們是表達意見或故意打擊你？
2. 此人「天性」就這麼小心謹慎嗎？他們自認為有義務、責任「照顧你」，以免你碰上危險、不測？

3. 這是單一事件或屢見不鮮？這個人總是戒慎恐懼，或只有這種情況例外？

4. 你是否曾把自己的心情告訴他？對方聽到他們的行為對你有影響，是認真傾聽，還是打斷你或充耳不聞？

5. 你是不是根本不聽他們勸告？你應該審慎考量對方的顧慮嗎？是不是該聽聽他們的建議，而不是拒絕接受？

6. 你是不是沒想到他們的舉止情有可原？他們是不是因為害怕、想保護你才有這種行為？儘管這不能當成藉口？

7. 有沒有客觀的第三者可以幫你看清真相？這個人不會感情用事，可以給你明智、客觀的建議？

8. 想像自己留意對方的建議，而不是一意孤行。長遠看來，你有沒有可能反而得感激對方？還是因為放棄重要夢想而覺得沮喪、洩氣？

9. 想像你執意執行計畫又有什麼心情。以後回想起來，會不會覺得這個決定太過匆促、草率，希望自己想得更周全？還是慶幸，覺得直覺正確？

10. 是不是應該與這人開誠布公溝通？對方會不會固執己見？試圖與對方解決問題有用嗎？還是乾脆分道揚鑣，另外找能幫你加油打氣的人？

非裔作家愛麗絲．華克說，「不肯給你成長權利的人……都不是你的朋友。」問過上述問題之後，你得到什麼結論？對方是試圖幫助你成長，或認為你的成長威脅到他們？

如果結論是他們只想壓制你，你可能得遵循葛楚．史坦的建議，「讓我聽自己的，不是聽他們的。」繼續追尋夢想，別理會他們的阻撓。

我們繼續大步向前走，看看你還要摒棄哪些阻力，追求你渴望、需要，也值得擁有的人生品質。

7 放手吧，放手吧，放手吧

「人生中最重要的東西，都不是東西。」

——美國作家／安・蘭德斯

看過喬治・卡林在YouTube上抱怨「東西」？他搭飛機俯瞰底下的城市，看到成千上萬的建築物，裡面都放滿**東西**。他重複敘述我們花多少時間、金錢、精神買這樣東西、清理那樣東西、搬動這樣東西、修理那樣東西。他發現，「你出去帶回更多東西，而房子只是放置這些東西的地方，如果你得買東西來放你的東西，也許你的東西就是太多了。」

俗話說，「我們先是擁有物品，接著這些物品就成了我們的主人。」

你的所有物可以提升生活品質，或長遠看來，其實無足輕重？這些東西是不是耗費大把時間、精神、金錢？你寧可花在更有意義的地方。

告訴你，丟掉百分之九十五的東西（有些還價值不菲），讓我覺得非常痛快，要不是身心健康管理專家瑪麗・羅凡蒂，我可能無法放手。就是她說服我，有些事情比物質更重要。她自己就是過來人，幾年前，她走進「夢想美屋」，那是她親自打造的房子，也在那裡養大子女。後來有個聲音告訴她，「妳打造這間屋子的理由都已經圓滿達成，走吧。」

那聲音沒告訴她要去哪裡，可能往後才會曉得，她知道自己不想辦車庫拍賣，畢竟她費盡心思，幫每個房間挑選「最合適」的物品，她希望所有東西都能由她關心的親友享用，不打算和陌生人討價還價。

瑪麗開放自家給二十個老友，發給每個人便利貼，要他們看上哪件就貼哪件，條件是一週內搬走，就這麼簡單。七天後，瑪麗已經將多數物品轉讓給朋友，新主人都同意好好愛惜，皆大歡喜。

所以我請瑪麗來幫忙大掃除，減少個人物品，準備展開「一年水濱生活」，她知道該問哪些問題。

問題不是「我怎麼能讓出那樣?!妳知道那件東西多少錢嗎？」、五個「我該帶走、收好或捐掉？」的問題如下：

- 我會積極使用或穿戴嗎？
- 別人會不會比我更珍惜？
- 這樣東西能放進車子嗎？我在往後一年會需要或用到嗎？

● 這件東西有必要放在倉庫一、兩年嗎？
● 送我或創造這樣東西的人，真關心我是否留著嗎？

我仿效瑪麗的做法，我沒上網或辦車庫拍賣兜售，幾乎捐掉多數物品。我只留下繳稅紀錄、兒子送的重要禮物，以及那張獨一無二、又在我生命中扮演重要角色的書桌。

起初我看著昂貴的家具，心想，「我不能送掉**那件**。」瑪麗便會溫柔提出上述五個問題，提醒我為何想簡單生活。

我沒料到，轉送物品能帶給我這麼大的喜樂，那艘所費不貲的單人小船？真希望你看到朋友收到這份禮物之後的笑容，成套的餐桌椅和寢飾家具則是送給幫我打掃家裡十二年的女士，她絕對值得我的感激，套裝則送給「穿出成功」[7]，知道這些服飾能幫助上進女性找到理想工作，我很高興。這些衣服有助於她們提高自信，也符合新雇主的要求。

知道嗎？三年後，我不想念任何一樣東西，一件也不想。

你該簡化生活了嗎？

「就快樂人生而言，一張亂七八糟的書桌或塞爆的衣櫃，可能無關緊要，然而我發現……整理雜亂的物品，竟然能大幅提升快樂。」

——美國作家／葛瑞琴．魯賓

你呢？該整理家裡了嗎？丟掉不重要的物品，可以大幅增加你的幸福感嗎？

某位年輕女子卡蘿告訴我，「我讀了近藤麻理惠的《怦然心動的人生整理魔法》，書名名副其實，果真改變了我的人生。」

「怎麼說？」

「我遵照她的建議，一次整理一點，與其一次看到整疊整疊的雜物，我一次只整理一個抽屜。每拿起一樣東西，我就問自己，『這東西漂亮、實用或有意義嗎？』如果是，我就放回去。否則我就丟進洗衣籃，等著捐出去，或直接丟進垃圾桶。」

「這對妳的人生有何影響？」

7. Dress For Success，創立於一九九七年的全球非營利組織，為低收入女性提供專業服裝，幫助她們求職、面試。

「這是我多年頭一次等不及要回家。以前我光進門就覺得有罪惡感，因為到處都是東西。麻理惠在書裡提到，屋子整潔能令人心曠神怡，果然沒錯，現在我環顧四周，覺得一切都恰如其分。」

同一個工作坊的女性說，「我也讀了麻理惠的書，但是對我有不同的影響。」

「怎麼個不同法？」

「我無法忘記她說家裡的東西應該讓我們怦然心動，我家沒有太多讓我心動的東西，事實上，就算在我人生中也很少。」

「怎麼回事？」

「我在城裡工作，但是住郊區，因為我只負擔得起那裡的房價，我每趟通勤就要一小時，如果碰到車禍或天候不佳，時間就會加倍，我清晨就得出門，回到家也已經天黑。」

「麻理惠的書如何鼓勵妳改變？」

「我因此重新思考我的人生。我這麼辛苦工作就是為了買一間我每天都待不久的房子？我在第二格（沒做的事情）寫的是擁有社交生活，第三格（現在做的事情當中不想做的事）則是通勤。同事邀我去喝一杯，或參加城裡的活動，我總是拒絕，因為回到家就太晚了。」

「轉捩點是什麼？」

「我向同事抱怨自己有多痛恨每天通勤，她說她那棟公寓有朋友要賣房子，問我下班要不要去看。我心想，『有何不可？又不會少一塊肉。』」

「我一走進去，就知道找到新家了，那裡的大小只有舊家的一半，但我也沒用到那些空間，何必花錢買大房子？更棒的是兩條街外就有地鐵，到公司只需要十五分鐘。我不只不必再擔心高速公路收費、停車、每天車流狀況，以後都能早早回到家，住家附近就能從事各種活動。經過這麼多年，我終於可以擁有正常的社交生活。」

揮別沉重的事情，迎接開心的事情

「只要你勇敢說再見，人生一定會回報一個新開始。」

——巴西著名作家／保羅・科爾賀

你是不是心想，「剛才那兩位小姐似乎都獨居，所以可以單方面下決定。我有家室（或孩子、室友），才沒有那種餘裕。」

我都聽到了。獨居者「整理」家裡是一回事，如果同屋簷下還有其他人，對方也不在乎髒亂，情況又截然不同。

你們夫妻可能得看看環保網站TreeHugger創辦人葛拉罕・希爾在TED上的演講「越少物件越快樂」，某些影片中提到的數字令人跌破眼鏡。例如我們現在的居住空間是五十年前的三倍，卻依然放不下所有東西。個人倉儲業的市場有兩百四十億美元，事實上美國的迷你倉數量多過「星巴克」加「麥當勞」加「潛水艇三明治」。

然而多數人從不去開迷你倉，更別說取出放在裡面的東西了。請算一算，如果你每個月付一百二十五美元（美國的平均費用）放置你不用的東西，一年就是一千五百美元，難道你不希望這筆錢花在自己身上？

你可能不明白這與你的快樂何干，試問自己如何度過週末和平日晚間。打掃家裡、院子？逛街買回更多需要倉儲空間的東西？長時間工作就是為了買回根本無法回家享受的物品？如果答案是肯定的，現在該捨棄這些東西，你才有時間做更有意義的事情。

拒絕任何塞滿你的生活，卻掏空你靈魂的事物

「如果不能拒絕所有事情，就算知道自己想追求什麼人生，想要什麼人參與，也是徒呼負負，除非你有能力拒絕塞滿生活、卻淘空你的靈魂的事物，你的生命絕對沒有空間容納你想追求的事物。」

——美國作家／強納森・菲爾茲

我問心理學家黛安・傑拉，「我們為什麼對自己做這種事情？為什麼我們花這麼多時間，取得明知道無助於提升快樂的東西？」

她說，「購物可能是癮頭，有人逛街只是為了找事做，那是他們的休閒娛樂。一旦進了商場，店面誘人的商店陳列又會吸引他們掏錢，因為購物會讓人感到亢奮（但只是暫時）。這可以改變心情，緩解無聊，令人開心，又能暫時覺得心滿意足。」

「對某些人而言，周遭的東西越多越有安全感，可以舒緩焦慮情緒，因為他們環顧四周就覺得，『我擁有所有需要的物品。』所以清除物品才會這麼難，他們認為，『如果以後要用，身邊卻沒有呢？』這會導致他們不安，因此才會囤積舊雜誌、衣服、書本等，以防他們**有一天**要用。」

我和瑪麗在房裡評估哪些要留、哪些要丟的過程中，學到許多教訓，這些都能說上一天一夜，儘管兒子已經搬出去好幾年，我還是留著他們的物品，**以防萬一**。湯姆房間從地上到天花板的書架堆滿精裝書，仔細想想，那些書平均一本價值二十到二十五美元，那裡起碼有上百本。我打電話問湯姆，「要我幫你送過去或收好嗎？」片刻的靜默之後，他說，「**我都忘記有那些書了，所以大概用不到。**」

每次我不肯捨棄某些東西，瑪麗都會提醒我，「如果拍成影片或照片，就不必留下來了。」所以我將湯姆和安德魯的美勞作業拍成口述影片，拍下客戶給我的每本書之後就捐到附近圖書館，這些書才能接觸到更多讀者，而不是堆在暗處，對誰都沒幫助。

我要再說一次，我很感激曾經擁有，也謝謝這些物品在我生命中扮演過的角色，但我並不想念任何一件，放開它們也等於放開自己，如果我還不出門，就不會有這些全球住透透的經驗。我之所以如此精神飽滿，完全是減輕物件的成果，而不是因為坐擁滿屋需要照管的物品。

收集經驗，不要收集物件

「雜亂不只是堆在地上的東西……還妨礙你過想過的日子。」

——美國暢銷作家／彼得．華許

有個客戶告訴我，「趕快整理東西還有另一個理由，我收集刺繡手帕和生蠔托盤，這麼多年來，這個嗜好讓我頗有成就感，大家也認為我是這方面的收藏專家。」「唯一的問題是什麼？時代變了，價值也有所更動，許多客戶本來打算將收藏當傳家之寶，子女卻不要，即使這是一筆大數目，畢竟這是精緻水晶器皿、銀器和骨董，但是下一代說，『不用了，多謝。』」

我告訴她，「我在《紐約時報》看到湯姆．韋德的文章〈擁有大量物品的老邁雙親與不想繼承的子女〉，大意就是千禧世代都是極簡主義者，而不是物質主義者，他們不想繼承媽媽的肉汁醬皿，或祖父母的瓷器。」

她嘆氣，「我聽過很多感傷的故事，都是老人家發現孩子不想繼承傳家寶有多傷心。事先處理比較明智，不要等搬進安養院前才大受打擊。」

「妳有什麼建議？」

「如果收藏令人覺得開心，請繼續。但時機成熟時，要準備捐給博物館或賣給其他收藏家。否則請收藏經驗、別收集物品，問孩子想從你這裡繼承什麼，多數人寧可現在擁有共同回憶，也不想日後繼承有形的物質。」

「你可能想請人幫忙，現在有到府清潔服務，可以幫你辦物產拋售會，也能把值錢的物品送去寄賣，他們再從中抽取佣金。許多客戶都覺得很愧疚，早該請專人處理，他們都說處理完之後如釋重負，少了一件心事。」

美國整理專家協會前主席芭芭拉・亨菲爾說，「雜亂就是拖延決定。」

不要拖。**今天**就上網查住家附近的整理公司，清除阻礙人生的雜物。現在就決定何時捨棄**不要的東西**，才能為你**想要**的人生清出更多時間、空間和金錢。

下一章無關丟棄**物品**，而是摒棄**想法**，尤其是你可能根本沒意識到、卻破壞你的幸福生活的既定觀念。

8 別駛入颶風裡

「人生沒有遙控器，你得自己站起來換臺。」

——釘圖貼文

十月一號終於到了，我要在這天展開「一年水濱生活」，朋友在我最愛的餐廳幫我辦歡送會，環顧整桌，有些已經是三十年好友，能和他們分享即將到來的冒險計畫，我覺得很開心，大家都急著了解細節，「第一站去哪裡？」

「切薩皮克灣，我要去朋友的度假屋寫作一週。」

「之後呢？」

「還不確定。」

「不會吧？妳還沒規劃路線？」

「沒，我很清楚自己要邊走邊想。」

「總而言之，小心颶風。」

「颶風？」我忙著捐東西、清理家裡，沒看新聞或天氣預報，所以不知道朋友這句話是什麼意思。
「對啊，有個颶風沿著東岸往北移動。」
「那我最好趕快上路，趕在颶風前。」
一小時後，我開在暴雨中，雨刷瘋狂擺動。我只能伸長脖子，努力開在車道上。突然之間，我的腦袋上方浮出一個對話泡泡，「為什麼要開進颶風裡？」因為我要守信，而且就寢前還有好長一段路要開，不是嗎？我從小就被教育要信守諾言，沒有但書。計畫好了就要執行，但這趟路可怕又危險，也許在這種狀況之下，違背諾言是合理甚至明智的選擇？

我停在路邊，打給朋友。「蘿拉，我很抱歉改變主意，但是天氣越來越糟，我們能不能改時間？」

她毫不猶豫就說，「沒問題，歡迎妳下次再來，注意安全。」

我很難用言語形容當時的心情有多輕鬆，我在網站上找到附近的民宿，一小時後已經躺在溫暖的被窩裡，慶幸自己安全躲在屋裡，而不是在路上對付狂風暴雨。

隔天早上起床，我到外面逛安那波利斯的市區，發現全世界最好吃的龍蝦蛋餅餐廳「克里斯餐館」。我坐下來點了早餐，店裡一般都會播放美國國歌，我也跟著哼。

我反省前一晚發生的事情，這是我多年以來頭一次違背諾言，卻不覺得**做錯**

事，反而覺得**做得對**，也許我該重新省思，以往認定非恪守諾言不可的既定思維。

還有哪件事情是因為我以為（上一輩也這麼訓示）遵守諾言才「應該」？哪個安排早就行不通，我卻非執行到底？哪一次因為我說好要去，非直衝颶風中心不可？

你貫徹哪些諾言，只因為你說你會做到？

「我不再接受我無法改變的事情，我要改變我無法接受的事情。」

——美國共產黨和黑豹黨的領導人／安潔拉．戴維斯

有個朋友告訴我「何必開進颶風裡？」已經成了她家的口頭禪。她和孩子即將發生衝突時，就會停下來問自己，「我這是不是開進颶風裡？何必？有沒有更好的解決方法？」

如果我們知道情況會越來越糟，我們繼續做只是因為責任、習慣、用錯地方的忠誠感使然，也許別做了，還比較明智，也許另一條路對大家都好，有時放棄諾言並不無禮，反而是正當的選擇，重新檢視某個已經不合時宜的諾言，甚至有可能皆大歡喜。

某個簿記員說，「我難以接受。我明白妳說的原則，但是在公事方面，遵守諾

言是最基本的禮貌、信用和節操，顧客和同事之所以信任我們，就是因為他們知道，我們說到一定做到。我負責財務紀錄和契約，守信甚至攸關法律。」

我告訴她，「如果是白紙黑字的合約，就得遵照法律，執行到底。請妳諒解，我從小就被教育要守信，沒有商量的餘地，說好了就要做到，就這麼簡單，沒有藉口，沒有例外。」

所以我才開向颶風，所以我才發現也許沒必要，也才會恍然大悟。這次的經驗，加上屋主也慶幸我改變心意，正好讓我大開眼界，發現如果情況有變，說到做到（而且不計代價），不見得是最好的選擇，也不見得有必要。

請不要誤會，我可不是說只要不方便、或不想做，我們就可以打破諾言。然而如果守信會危害自身安全，我們就要探索其他可能。

我的朋友問，「有什麼例子呢？」

「有一個。一對年輕夫妻說，『我們這是開進颶風裡嗎？』幫他們重拾快樂的家族度假時光，因為這種聚會多年來已經成為夢魘，丈夫的父母住在東北部，環境對孩童並不友善，所以他們得注意別讓小孩玩插頭、別碰骨董家具、遠離陽臺。」

「他有兩個叔伯的政治立場相左，其中一個還酗酒。一家人忍不了多久，就會原形畢露，開始爭執，更別提忘記飛過去的機票有多貴。他們回家過節已經行之有年，因為覺得有家庭義務。最後終於覺得受夠，應該有更好的解決方法。」

「女方的媽媽幫忙獻策。她說，『乾脆提議他們春假過來你們家？』她說一家人可以在孩童友善環境中保有更多『私人時間』，而且大家都有事做。親家可以省錢，因為那是旅遊淡季，也不必擔心其他人為了政治吵架、或小朋友把泥巴踩到白地毯上。

「每個人都開心，起初那對父母聽到孩子不回家過節很傷心（大家都會來，那是家族傳統！），但小夫妻堅持，比起去那裡過『颶風假期』，這個做法更快樂、更明智。」

哪些狀況早就行不通？可以和對方「盡快開誠布公」，判定是否應該固守舊習，或想想是否有雙方都沒想過的選項。

誰曉得？也許對方會同意該改變了。也許你們可以腦力激盪，想出皆大歡喜的解決方法。如果這個既定思維破壞身心健康，而不是有所裨益，我們的目標就是加以摒棄。

你的快樂也仰賴你是否願意坦率說出心聲，而不是因循苟且。心法八（**釐清**）教導明確的方法，教你如何爭取自己想要、需要、相信的事，才會做得更自在。

現在該摒棄另一個過時信念，就是「安排妥當才能出發」。

心法四

「推行」每日新生活

「你必須主宰自己的日子，好好活出每一天，
天天都不例外，否則時光不斷流轉，沒有一天屬於你。」
——美國作家／赫柏．嘉納

你已經摒棄妨礙你從事重要事項的思維，心法四——推行。教導你各種方法擺脫惰性、為自己大膽行動、主宰人生，以免蹉跎光陰。你會發現，其實不必拿出勇氣，只要相信自己，漸漸就能想出解決方法。

9 不需要先知道，也能動手做

「一路走來，我的經驗之談，就是絕對別問自己能不能做，要說你就要這麼做，接著就是繫好安全帶，因為最精采的事情即將接踵而來。」

——美國教師、作家、藝術家／茱莉亞．喀麥隆

那天是母親節，人在安納波利斯的我沒有任何安排。我下樓問飯店櫃檯，「有任何建議嗎？」

「妳想做什麼？逛街？遊覽歷史古蹟？嚐嚐本地可口海鮮？」

「今天是晴朗的春日，我想從事戶外活動。」

「那就要跟珍船長出海，她開船帶人觀光，我幫妳問問今天下午還有沒有空位。」

有，所以我搭著她的七十四呎縱帆船「木管樂」遊覽切薩皮克灣。如果你了解船隻，這艘就是「婚禮終結者」裡那艘船，記得那家人開船出海嗎？就是這艘。

乘客大概有二十人，各種年紀都有，珍船長友善地進行出海前的解釋，最後一句就是「今天很適合出海」。的確，開動馬達出港幾分鐘後，她大喊水手最愛的那

句，「關馬達，揚帆。」

風吹得船帆飽滿，船隻上升、側傾、迎風，全都同時發生。總而言之，就是令人覺得**心曠神怡**。珍船長看到我那麼興奮，便問，「要不要掌舵？」

我想不想掌舵?!我起身，手放在十點和兩點的方向，小心瞄準前方的航標，避開附近的船隻，根據風向，調整帆面。

如果你開過帆船，就知道所有條件配合得天衣無縫時，全世界彷彿一片燦爛美好，那天就是這麼天時地利人和。

珍和我開始聊天，我提到我的「一年水濱生活」，她說，「我很好奇，發生這麼多事情，哪件事最令妳意外？」

我思量片刻回答，「人們以為這件事很**勇敢**，諷刺的是我一點兒都沒想過勇不勇敢。」

她大笑說，「我也有同樣的心情！別人認為我創業開船很勇敢，我只覺得很有意思，這大概和我的成長方式有關。我的爸媽都是音樂老師，我們每年夏天都在帆船上過暑假，我記得他們會給我五元，要我划小船到鎮上『買冰淇淋』。」

她又接著大笑，「我後來才知道他們想獨處，我有沒有吃冰淇淋不是重點。他們沒提醒我小心，打發我划船離開也沒警告我有任何危險，他們相信我可以處理任何問題，我也沒辜負他們。」

我告訴她，「我們姊妹的狀況也一樣，只是我們面對的是馬，鎮上的馬比人還多。我們分別是八、九歲的時候，就會出門一整天，我們爸媽從來沒擔心過。而且妳想想，那可是沒有手機的年代，他們甚至不知道我們人在哪裡。但他們不擔心，相信我們碰上任何問題都能解決，如果韁繩斷了，自己想辦法；如果馬兒載著我亂跑，自己想辦法，我們果然足智多謀。」

珍說，「我家也一樣。妳知道我學到什麼嗎？獨立、自給自足，認為這個世界充滿樂趣，而不是處處危險。」

你呢？這世界對你而言充滿樂趣，還是你得戒慎恐懼？你覺得靠自己闖天下很刺激，或是很可怕？想到新事物時，你擔心情勢可能出錯，還是相信自己有辦法解決？

勇氣就是相信自己漸漸會理出頭緒

「生命的開拓或萎縮，與一個人的勇氣成正比。」

——美國作家／阿涅絲・寧

我始終沒忘記船長和我的那番對話，因為旅途中常碰到有人問我哪來的勇氣。

我決定深入探究，我為何一無所懼踏上旅程，而且一決定，我就躍躍欲試，我並不焦慮，只覺得興致勃勃。

為什麼？

因為另一個關鍵轉折幫助我準備「掌舵」，當年選擇大學主修科系時，我無法下定決心，顧問勸我以後當醫生或律師，「善用腦力」，但我想研習休閒產業管理。我從七歲就開始當運動員，認為籌辦休閒活動，就能從事我喜歡又覺得有意義的工作。

但我面臨許多阻力，某位叔伯聽到我考慮念這個科系，甚至舉高雙手假裝驚恐。「什麼?!妳要拿那麼無聊的營養學分？」沒錯，那就是他的措辭。還有幾個大人說這個科系是「懶人學位」，要我主修更難的科系例如法律或醫藥，挑戰自己的能耐。

我永遠感謝家父讓我看清事實真相。某天晚餐，他遞給我W．H．莫瑞某段話的影本，然後說：「莎曼，當妳需要下決定又不知所措，就照妳的直覺，選勇敢一點的那條路。」

「除非全心投入，否則人們會猶豫，也可能打退堂鼓，無論是哪種開創性的行為（以及創作），都有一個最基本的真理，如果無視這個真理，數不清的點子和偉大計畫都會遭到扼殺。這個真理就是，一旦人們開始認真行動，天道也開始運行，原本停滯不前的各式各樣事情都會風生水起，一連串的事情就從那個決定開始，形形色色無法預見的事件、邂逅和實際協助都會往有利的方向發展，而那是人們起初連做夢都不敢想的，無論你能做什麼，不管你夢想自己能做什麼，做吧。大膽行動本身就具備天分、能力、神奇的力量，現在就做吧。」

——蘇格蘭登山家／W・H・莫瑞

這正是當時我最需要的暮鼓晨鐘，莫瑞的智慧（一般都說最後兩行出自歌德）賦予我選擇順應直覺的勇氣，儘管沒人能保證結果順利，我的心告訴我，「休閒產業是妳的興趣，妳不知道這麼做對不對，但這才能引起妳的共鳴。」

所以才有我日後稱為「關鍵十字路口的恰當決定」，我根據直覺選擇，後來從未反悔。事實上我發現，我們從未後悔自己順從心聲、夢想、價值觀所做的大膽決定，當我們左右為難時，直覺往往是最佳判斷依據。

當時根本料想不到，我根據直覺選擇的科系，成了我人生第一塊踏腳石。我因此可以結合工作與興趣，目光始終炯炯有神。

沒有人能掛保證時，就依隨你心吧

「面臨自己成長的潛力時，我們總覺得惴惴不安。」

——存在主義之父／索倫・齊克果

你是不是想著，「真為妳開心，但這和我有什麼關係？」

可多著呢。第一，你是否面臨重大抉擇，卻不知道該怎麼做？你有好幾個選項，但每個都像霧裡看花？親友眾說紛紜，你不知道下一步該怎麼做？

請謹記莫瑞的智慧，猶豫不決不會有好結果，如果你違背自己的價值觀和夢想，遵循別人的建議也不會有好結果，該是你掌握自己人生船舵的時候了。根據你的認知做決定，才能推動事情，讓天道（隨你高興怎麼稱呼）有機會跳上你的車，前提是你不能把馬車藏起來。

如果你採取「安全、符合社會期待」的選項，只會走上一條路，到頭來你會覺得自己走錯路，覺得自己再也不像自己。如果你妥協核心價值，盲目從眾，你就不再是你。

然而如果你聽從自己的心意，情勢會越來越好轉，天道會送來各種你無法計畫或預言的「奇蹟」，支持你的決定，我這是經驗談，此外有上百人告訴我，他們相信直覺，聽從天命，經年累月下來，得到許多助益。

別再想太多，就去做吧

「你不能站在滑水道頂端思來想去，總要滑下來。」

——美國劇作家／蒂娜．費

美紀．艾葛拉瓦就是勇敢聽從直覺的最佳範例，她憑藉著信心滑下水道，並未屈服在恐懼之下，也沒左思右想。美紀二十多歲時在華爾街的投資銀行業工作，她說，「我租的房子小到我根本不想待在家，所以每天下班都外食。我開始腸胃不舒服，因為當時的餐廳沒那麼注重健康食材，後來才知道我有乳糖不耐症，不能吃麩質，我上網研究以後能吃什麼。」

「結果發現，曼哈頓有十分之一的食物都是披薩，可是披薩不好啊，對不對？如果不會呢？我決定開一家直送農場食材的餐廳，而且要賣無麩質披薩。」

「妳有餐飲經驗嗎？還是有飯店或餐飲管理學位？」

「都沒有，我在康乃爾主修傳播，而且在紐約魔法隊踢職業足球，所以我沒有業界經驗，但是我認為這家餐廳可以解決很多人的問題，也認為應該有市場，就開始找地點、籌錢。」

我們直接快轉，美紀的「野生」餐廳得過許多獎項，而且開業九年依舊生意興隆。更重要的是，第一次創業激發她開創另外兩個事業，她入選《時代》雜誌全球前一百名創新人士，接到非營利組織「良知企業」委員會（第一批千禧世代）邀她入會，寫了兩本書（《做屌事》、《擾亂她》），到處巡迴演講，邀請單位包括聯合國和轉型領導高峰會。

我要說什麼？即使美紀起初不確定能不能成功，但她若不相信發自體內深處的直覺（可說是比喻，也是名副其實），推行夢想，這些事情都不會發生。

管理學大師史蒂芬．柯維以擅長建議聞名，「心裡要以終為始。」但有時保持心態開放更理想，美紀不可能料到那個點子會讓她日後一連串成功創業，目標也不是成為創新思維領導人，這些事情卻發生了。之所以有這些結果，要歸功於她不確定能否成功就行動了，她押注在自己身上，相信自己可以邊做邊想。

《週六夜現場》導播洛恩．麥可斯有個知名的小故事，某次喜劇演員蒂娜．費正在搶分奪秒地排練短劇，洛恩要她趕快結束。她說，「可是我還沒排完。」洛恩說，「蒂娜，節目不是等短劇排完才開始，是十一點半一到就要開始。」

你對自己的夢想反覆思量嗎？等著全盤計畫清楚才動手？擔心中途出錯？不如先做功課，然後就大膽行動，滑下水道，相信自己可以想出辦法？

就像齊克果所說，惴惴不安表示你正面臨自己的成長潛力。你該做的事情是令你焦慮，而不是讓你沮喪。

確定接下來該怎麼做之前，先谷歌

「疑慮和無法信任，只是想像力放不開所致的恐慌，只要心智堅定，就能克服，只要胸襟夠大，就能超越。」

——海倫・凱勒

如果你認為，「我需要更多指引，我可不要一股勁追求夢想，卻不知道自己做什麼，否則風險太大，甚至太輕率了。」

明白。照著美紀的方法做，而且要谷歌（上網搜尋）你想做的事情。就在你最愛的搜尋引擎輸入，「如何＿＿＿＿＿？」將你考慮做的事情填進空白處。

想開遛狗公司？只要上谷歌，就知道所有相關細節，如成本、保險費用、證照需求、行銷方法或如何定價。

想上夜校學遍所有事情？上谷歌搜尋，就知道附近所有推廣教育課程，從學編碼到學著當婚禮攝影師都有。

重點就是不需要先知道，也能動手做，所謂的**完美主義**，其實只是**延宕拖磨**的另一種說法。不如上網谷歌你想了解的產業，參加集會，索取小冊子。加入網上研討會，做功課了解接下來該怎麼做。

總而言之，不要只是反覆思索，腦裡的點子幫不了任何人，要押寶在自己身上。為了你的夢想拿出勇氣，著手實行目標。只要你開始，天道也會開始運行，各式各樣「無法預見的事情」，都會往你有利的方向進行。這都要歸功於你不再等候，開始執行；已經十一點半……你的節目該播出了。

下一章提到一隻海豚如何幫助我了解，當我們相信直覺和推力（nudge），「無法預見的事情」真的會往我們有利的方向發展。

10 依隨你心，串聯所有點點滴滴

「有個聲音不用文字，仔細聽……」

——中世紀伊斯蘭教蘇菲派詩人／魯米

我在坦帕對一群執行長演講，幾天後得趕去喬治亞州的薩凡納開會。原本訂了火車，但是如果看到想參觀的景點，就只能看著美景呼嘯而過，無法停下來欣賞。直覺對我低語，「取消火車班次，開車吧。」

我努力傾聽魯米所謂的「不用文字的聲音」，當晚就出發，而且刻意不設定目的地，就是希望我看到意料之外的全新景色。

幾小時後，我決定上網搜尋前方的選項。哇，有世上第一座「海洋世界」，那是美國第一個提供遊客與鯨豚共遊的樂園，而且就在一小時車程外的聖奧古斯丁。幸好我沒搭火車，也特地空出時間，才有突發奇想的餘裕。我打去詢問，「請問今天下午的海豚共游活動還有空位嗎？」

我很幸運，所以才能和海豚薩克共游，因為只有三人參加，教練就改成迷你訓練課。她吹口哨叫薩克過來，指示牠仰躺，讓我們摸摸海豚橡膠般的光滑腹側。接著她又轉向我，「想不想指揮薩克？」

我想不想指揮薩克?!

她說，「一根手指指向天空。」我照辦。薩克用尾鰭站立，游過整個泳池。天啊！牠又游回來，迅速吃下獎賞的魚。

訓練師問，「要不要再指揮一次？」

那當然。「這次指向天空，然後用手指轉三圈。」

我用手指指向天空，誇張地轉了三圈。薩克立刻游開，而且先潛入水底，然後跳出水面做了三次的空翻。

我忍不住，那景象實在太意外又太精采，所以我做出ＹＭＣＡ的動作，張開兩臂，舉向天空，做出Y的動作。「海洋世界」的攝影師剛好捕捉到薩克在我手臂中間翻身的畫面。

幾小時前，我根本不知道世界上有薩克的存在。

當我們留意自己的直覺，神奇的力量就會逐漸到來

「如果祈禱是你對上帝說話，直覺就是上帝對你說話。」

——美國第一位勵志演說家／偉恩・戴爾

我常想起與薩克共游的經驗，每次都記起，留意心中的推力（nudge）之後，我有多麼喜出望外。

我所謂的「心中的推力」是什麼呢？就是那個「沒有文字的聲音」。我們心裡偶爾會有些模糊的感覺要我們做這個，不要做那個？這些「心中的推力」是什麼？

某次我看電視臺訪問安全防衛顧問，同時也是《求生之書》作者蓋文・德・貝克得到靈感。記者問他從恐懼當中學到什麼，德・貝克說他習慣仔細詢問曾遭到綁架或攻擊的人。他的第一個問題一定是，「**你有收到任何警訊嗎？**」

猜猜他們都說什麼？「我知道事情不對勁。」但是多數人環顧四周，發現風平浪靜，便無視這種恐懼的情緒。換句話說，他們讓理智凌駕直覺，心想，「光天化日之下，車子是防彈車，旁邊又有保鑣，會有什麼問題？」

他提到直覺會警示我們，情勢**不對**，我想到，「所以直覺提醒我們某件事**有勝**

算不也很合理嗎？

「如果直覺能察覺到**不和諧**，應該也會察覺到**合拍**吧？」

旅途中，直覺屢次提醒我許多合拍的機會。「在這裡轉彎，從這個交流道出去，住這家飯店，找那個人說話。」每次我聽從這些聲音，結果都遠超出預期。即使沒有任何證據，顯示我應該傾聽內心低語，但是每次順服，都會引導我找到我「靠自己」無法發現的絕佳機會。

我依舊不確定直覺究竟是什麼，也不在本書討論範圍，我只知道直覺和本能處處為我們的利益著想。心中的推力從未帶我走錯路，一次也沒有，每次都引領我走向康莊大道。

你是否為突發奇想留白？

「直覺是上天的恩賜，理性則是忠實的僕役。我們造就的社會卻歌頌僕役，遺忘恩賜。」

——天才物理學家／愛因斯坦

然而這一切都有條件限制。我們必須挪出時間、空間，心中的推力出現時，我們才有追求的自由。可惜以前我都沒有這種餘裕。我的行程滿檔，就算聽到心中低語，也沒辦法追上去。我的人生多半時候都太忙，無法注意到這些呢喃，更別說著手實踐了。

「一年水濱生活」的好處之一，就是我終於有時間，及時對心中的推力有所回應，好比那次我決定開車，不搭火車。我直覺抗拒那趟鐵路之旅，有部分的原因可能是無法突發奇想。有時間說走就走，有餘裕可以順勢隨緣，那是多大的福氣啊。

機緣的定義是「**無意間**發現重要或合適之物的現象。」有人認為機緣是巧合，開心的意外，恰好相反。機緣不是意外，要增加這種現象的機率，意向很重要。天時地利人和不是偶然，而是最好的未來先到中途迎接我們，我們的任務就是主動迎上，方法則是留意心中的推力、實際執行、感激我們付諸行動時碰上的好運。

機緣也有必要條件。我們需要：

- 將目標具體化，方法就是在每天的「就是今天日誌」中，寫下我們希望碰上的事情。這可以釐清、傳達我們的願望。
- 靜心。我們過得太喧譁，推力就會淹沒在雜音中。
- 隨時留心合適的人事物。
- 重視當下的直覺，不要用理智否決。

●如果第六感警告我們苗頭不對，要聽從。如果某件事情或某個人讓你覺得「不對勁」，這是直覺亮紅燈，請掉頭轉向。

●如果第六感提醒我們內外要協調，請傾聽。如果某件事情或某個人讓你覺得「合拍」，請建立關係，這就是通往機緣的踏腳石。

●請明白，天時地利人和的機會稍縱即逝。現在就行動，否則可能永遠不會再有此良機。

●幸運的巧合出乎意料地成功，可不是意外。天道為了我們辛苦加班，道謝的方法就是欣然同意。

要明白，當我們做到上述事項，人生就會越來越順利，因為我們不是只靠自己，我們和人生合作，而不是想要控制人生，我們是攜手並進。

你有為巧合留白嗎？

「我每天起床都興致勃勃，因為直覺就像大海送來的禮物，我不知道這天會送來什麼。我與它合作、依賴它，直覺是我的搭檔。」

——小兒麻痺疫苗發明者／約納斯・沙克

你呢？你的人生是不是太嘈雜，以致你沒再注意這些推力？你的人生是不是行程滿檔，所以沒辦法聽從心聲？

你該怎麼改變呢？

有一次我去美國航太總署戈達研究所的領袖訓練營演講，後來又與一小群工程師和科學家在講座後的工作坊分享上述點子。其中一人對我說，「莎曼，我是物理學家，理智上來說，我覺得這是胡說八道，背後沒有**科學**證據支持。」

他頓了一下微笑，「但我有個**小故事**可以證明真有其事，我有這份工作多虧那些『開心的意外』。我曾失業一年，因為我這行的工作機會很少。某晚，我突然有個直覺，要打給多年未聯絡的大學同窗。他接起電話聽到是我，說，『我不敢相信你竟然打來，我才正想到你。』

「這麼多年沒聯絡，他突然想到我，而我恰巧打去的機率有多低？後來更妙了。他說他們的專案團隊缺人，正好就是我的專業。他們出錢請我過去面試，所以我現在才在這裡。」

聽起來像怪力亂神，只是我聽過太多「突然」的故事，所以我相信。我不知道心中的推力是什麼，但只要付諸實行，就能迅速招來好運。

相信直覺就能招來好運

「很多我們所謂的幸運，根本不是運氣，而是把握機會，為自己的未來負責。」

——星巴克創辦人／霍華．舒茲

相信直覺，因而招來「好運」的故事當中，有一個最得我心，那就是奧利佛．烏柏提的例子。奧利佛想去《國家地理》工作，畢竟哪個美術設計不想？他丟了履歷，但沒有回音，問題是公司徵人期間，他不在美國。奧利佛告訴我，「我腦中有個聲音說，『去華盛頓特區，直接走進總部接待大廳，打給藝術總監說，我來參加面試了。』

「當然啦，每件事情都要放馬後炮的另一個聲音說，『這點子太糟糕。』可是我自認不會有任何損失，就照直覺行事，搭火車過去。我現在知道藝術總監從來不在桌前，也從來不接電話，但是當天她卻親自接電話。」

「我說，『我來面試。』她問，『公司安排你來嗎？』」

「『呃，沒有。但是我明天就要出國，想先詢問有關這個職位的幾個問題，所以我過來碰碰運氣。』」

你大概猜得到接下來的故事發展，奧利佛克服難關，爭取到工作機會，成為該公司有史以來最年輕的美編。

然而他的故事不是到此畫下句點，奧利佛利用他在這份工作培養的經驗和專長，寫了兩本得獎作品《動物上哪去》和《公共打字機打出的情書》。如今奧利佛能以最愛的創作為生，都是因為他順著推力，為自己拿出勇氣。

你呢？你覺得自己很幸運？有人認為我能過得這麼愜意很幸運，沒錯，我的確是。但我也相信，部分的運氣是因為我格外留意合拍的人、事、物。

串聯所有點點滴滴

「你無法預先串聯現在的點點滴滴；唯有在未來回顧時，才明白這些點滴如何串在一起。你必須相信，眼前種種將來多少都會串起來。」

——蘋果公司創辦人／史提夫．賈伯斯

史提夫．賈伯斯很優秀，但我不同意他這句話，我認為我們不僅回顧時才知道，也**能**預先串聯。我們不僅可以**相信**眼前種種將來都會串起來，還能**貢獻**一己之力，為自己和他人創造更美好的未來。

我的意思如下。我們收到各式各樣的點點滴滴，包括點子、機會、形形色色的人。我們的任務，就是留心與我們有共鳴的人事物，加以收集、執行。這麼做，才能實踐符合「真正重要事項」的和諧人生。

記得我在本書引言提到的連連看著色本嗎？起初這些圓點似乎沒有規則，我們只能不斷連下去，最後終於看出雛形。同樣的道理也適用於人生，如果你「突發奇想」，碰到「偶然相遇」，或「莫名其妙」有個衝動，那就去聯絡對方或把握天降良機。如此一來，才能展開你的「良緣前途」（SerenDestiny）（讓你目光炯炯有神的人生）。

有件事最近才發生。朋友瑛嘉介紹我認識她的寫作同儕克莉絲汀，克莉絲汀得知我夏天要去科羅拉多州波德，問我是否認識經營培訓公司Evoso的艾琳。後來她介紹我們認識，我發電子郵件給艾琳，衝動之下又多加了一句，「請問妳知道，仙境湖公園附近有房子出租嗎？」

艾琳五分鐘後就回信，說有個演說家／作家有物業在湖邊，正在找房客。看看這機率有多低？

我立刻繼續追問。（這些點點滴滴都有時效性，都像稍縱即逝的思緒，我們一定要馬上抓住機會。）我聯絡上她的朋友黛柏拉，我們一聊如故，這下我有地方可以住，交到新朋友，還找到投緣的同業。

這種事情無法憑空捏造，只能在預感出現時緊緊把握，尤其是那些突然浮現的吉光片羽，例如「最後再補一句，問艾琳知不知道哪裡有房子要出租」。

我們要即知即行，即使這些推力乍看之下毫無道理可言，沒道理才更該注意。因為「這些點點滴滴的念頭」不出自邏輯，而是蓋文．德．貝克所說的第六感。

這些念頭低聲敦促我們聯絡這個人，答應那件事，當我們照辦時，腦海就會浮現精采人生的畫面，這是我們自己無法勾勒的生活，因為這不是靠我們一己之力，這是與人生共舞的結果。

史提夫，我們不但回顧時可以明白這些點點滴滴，也能預先串聯。事實上，我們回報這些點滴的方法就是傳遞出去，方法就是將這些點滴介紹給其他人。將機會引薦給我們關心的親友（如同瑛嘉、克莉絲汀和艾琳幫助我），便能幫助他們過上越來越好的生活。

收集、串聯、提供這些點點滴滴，創造出共好的環境，提升所有相關人等。我們就是因此成為成就感十足，又不斷擴大的生命循環的一員，也因此克盡自己的職責。

想想過去兩週發生的事情。哪個直覺想引起你的注意？你突然想聯絡某人嗎？你有沒有付諸行動？有沒有哪件事情來得「莫名其妙」，發生機率又微乎其微？這顯然就是天道為你加班的徵兆。

如果你與生命共舞，會發生什麼事情？

「在棒球圈和職業球界有三種選手，一種付諸行動，一種袖手旁觀，另一種則是完全狀況外。」

——美國職棒傳奇教練／湯米・拉索達

我要引用教頭拉索達這句話，並且稍加變化，我倒認為人分四種。一種**付諸行動**，一種**袖手旁觀**，一種**完全處於狀況外**，第四種則是**順應時局，推波助瀾**。我們從小就被教育要計畫人生，你也許聽過這句格言，「做事沒計畫，注定要失敗。」好大的口氣啊。這句話的前提是關係人只有我們自己。

當然可以先籌劃，但是也要留空間給預料之外的幸運發展。我沿著佛羅里達海濱開車當天就是這種心態，我並未過度計畫，不是非走哪條路線，沒有訂下時間表。我將那段時間留白，才有空隨興所至，海洋世界和薩克就是最好的例子。

對了，我向同事分享與薩克共游的故事時，得到負面反應。她說，「莎曼，我很高興妳得到這麼大的啟發，但是從保護動物觀點看來，我不支持人豚共游的活動。」

我謝謝她的意見，反覆斟酌是否該分享這個小故事，後來決定收錄在書裡有幾個理由。

第一，海洋世界幾十年來都支持海生動物保育，教育推廣節目也造福成千上萬的學童。

第二，希望讀者將那個經驗（以及本書提到的其他例子）當成比喻。薩克故事的重點是，「不要規劃人生每分每秒，為突發奇想留白，會碰上什麼神奇的事情？」也許你不會開車直駛進颶風裡，不會與海豚共游，也不會去切薩皮克灣駕駛帆船，但我希望這些故事啟發你聽從直覺，為自己拿出更多勇氣，只要你相信最後就會水到渠成。希望讀者由這些故事類推回自己身上。

追隨你覺得妥當的方向

「我們都得在妥當和輕鬆之間做抉擇。」

——奇幻小說天后／J．K．羅琳

有個餐廳經理告訴我，「真不知道妳活在哪個世界，莎曼。我們有些員工一週工作六天，必須輪兩班才能溫飽。他們沒有閒情逸致串聯點點滴滴，追隨推力，他們的人生容不下突發奇想。」

我說，「我了解，我的意思不是所有人都有這個餘裕，但如果你有機會順從符合價值觀的直覺，人生就會越來越美好。我的朋友梅拉說，這就是『生活要仰賴羅盤，而不是地圖』。她主持『就是今天沙龍』時，在小組討論分享這句名言。」

她說，「前半生，我努力活出自己規劃的人生，下半生，我就沒那麼緊繃。我發現，除了每件事不見得照計畫進行，意料之外的事情往往帶來最美好的恩典，現在我信任直覺領我前行。」

我告訴她，「我有同感，我這幾年也『放慢腳步』，相信人生就是我們的實驗室。我的『一年水濱生活』就是實驗，見證我們與人生**合作**，而不是加以**控制**，會有什麼結果。」

你呢？關於「串聯點點滴滴」，你有什麼故事？我認識的每個人都有一個可說。他們信任直覺，神奇的遭遇接踵而來，或是某一場不可思議的巧遇帶來好事。下次直覺提醒你某件事情大有可為時，你要如何牢記以前的經驗，才能回應呢？

11 把自己放在自己的故事裡

「想尋找改變人生的貴人，就照鏡子吧。」

——佚名

萬歲，今天我要開加州風景一等一的太平洋沿岸公路，從蒙特雷開到莫羅灣。因為當天早上某些意外的「點點滴滴」，我上路的時候已經是傍晚。太陽下山、夜幕低垂之前，我都沒多想，我說夜幕低垂，可是非常低，沒有月光，沒有任何光線。

如果你開過這條路，就知道沿路有許多髮夾彎，白天還能看清路況，及時反應，但是當時一片漆黑，頭燈之外伸手不見五指，我驚慌失措，因為我看不清前方道路。

更糟的是許多地方因為剛發生坍方，都縮減成一線道，我和幾千呎底下的大海之間只有一道不太堅固的護欄。

有部卡車從後面逼近閃燈。自小在山谷間長大的我習慣遵循長輩教誨，開始尋找可以靠邊的路肩，好讓道給後面的車子。

這有什麼問題呢？路肩是石子路，而且比我預料的還短，煞車踩得越緊，車子打滑得越厲害。最後終於停下來，不過幾步之外，就是懸崖。

我坐在車裡直打哆嗦。卡車早就開遠，整個宇宙彷彿只有我、道路和（我知道很誇張，但是當初我真的這麼想）頓悟的念頭，就是我重視他人勝過自己的習慣差點要了我的命。

覺得耳熟嗎？你是否以別人為重，自己永遠排最後？你的本能反應是不是，「您先請……」

如果你是家長、醫護人員、企業鉅子或高層主管，這種習慣可能已經是家常便飯。但是犧牲自己、成全別人可能太過極端……而過與不及，都不健康。

犧牲小我不是沒有代價，我們會失去平衡，到頭來危害到自己的健康和幸福。最糟的是我們一旦習慣將自己擺在最後，就是告訴周遭的人，我們不重要，我們想要和需要的事情也無所謂，我們想傳達這種觀念？我們要教導大家效法烈士？

總是優先考慮別人的後果

「以身作則不是影響他人的主要因素，而是唯一因素。」

——史懷哲

優先考慮別人，是我根深柢固的想法，但是那次千鈞一髮的經驗導致我重新審視這個既定思維。我從**哪裡**學到這個觀念？學來**何用？**

我們許多觀念都來自家庭教育，我媽就是這種大愛的典範。她生前最後二十年都在對抗多發性硬化症（後來我們才知道那是誤診，其實是慢性腦瘤）。

當時我媽幾乎天天都忍受疼痛。如果我把手放在她的脖子附近，都能察覺她所散發出來的痛楚，但是她不想「拖累」別人，因此固執硬撐。我問她，「我幫妳準備晚餐好嗎？要不要我來洗碗？」

「不用，謝謝妳，乖女兒，我來就好。」

她要我姊姊、哥哥和我過得幸福快樂，不想讓我們「擔心」，因此就算不是從沒談過，也鮮少提及她的病，她總想知道我們忙什麼、上課情況和交友狀況。她從不為自己要求任何東西，就算我們主動提出，她多半拒絕，不想「給我們添麻煩」。

我媽犧牲自己，做她覺得該做的事情，然而我們從她身上學到的事情，恐怕是她始料未及。

沒錯，我們得到、也學到毫無保留的愛，我也非常感激。

但我們也學到不尋求、不接受協助，我們學會「堅忍不拔」，不肯傾訴痛苦，我們學到絕對不要「拖累」別人，我們學會優先考慮別人，不在乎自己的痛苦、需求，還認為這才是高貴的情操。

服務他人**的確**情操高貴，有許多名言都說人生的意義就是為人服務。大文豪泰戈爾曾寫道，「睡夢中，人生是享樂；醒來，發現人生是勞碌。我親身踐行，發現侍奉即是喜樂。」

然而有時侍奉不是喜樂，有時只是病態的取悅他人。

某個同行的諮商人員告訴我，「莎曼，我沒有孩子，但是我有學生，許多學生都是第一次離開家，他們孤單、困惑、不知所措，我很同情他們。我提供家裡電話號碼，他們不開心就能找到我，理論上是好事，實行起來卻不妙。我好多晚上都在排解一樁接著一樁的危機，丈夫不開心，我也不能怪他。況且我好疲倦，因為我沒機會好好休息充電。」

我告訴她，「妳關心學生是好事，問題是妳有沒有為自己著想？想想『始料未及定律』[8]，我們教導的是我們所接受的事實，妳不在乎自己的健康、丈夫，不設定時間、空間限制，妳想教學生學到什麼？」

「可是我很同情這些孩子，他們各有心事。」

8. Law of Unintended Consequences，由美國經濟學家 Robert Merton 所提出，意指某個方案看似可以解決眼前問題，卻可能引發意料之外的惡果。

「我懂，但是妳只想到他們的心事，不在乎自己。妳把自己放在哪裡？」

「但是我不能放棄他們，轉頭就走。」

「我不是要妳棄之不理，只是建議妳別忽略自己。我建議妳設定界限，才能幫別人，也幫自己。妳不必空出每晚的時間，一週幾晚比較實際呢？」

想當然耳，她做了手寫規定給學生，說明「夜間辦公時間」。他們如果有急事，依舊可以聯絡她，否則就照正常流程，約上學時間在學校碰面。

後來她打來，說我們那番對話和新規定給她上了重要的一課，「我沒想到，只注重學生對我有多不公平。我們夫妻都要感謝妳，也許某天我的學生也要感謝妳，讓他們看到，優先考慮自己不是自私。」

你呢？拚命空轉？過勞顯然就是沒設定界限，否則就是毫無界限可言，你顯然優先考慮別人，最後才想到自己。

下次又說「你先請」而危害自己的幸福時，請打住！提醒自己，你也很重要，你的希望和需求不是無足輕重，你可以服務別人，**也能**照顧自己，不是非黑即白。請將自己放回自己的人生，這不是自私，是明智。

我們教導的，就是我們所接受的事實

「同理心沒發揮到自己身上，就不完整。」

——西方禪學和心理學大師／傑克．康菲爾德

我和《人生變遷》的作者蓋爾．希伊聊到，以成全大我的名義犧牲小我，她說她的新書《千禧世界》寫到一篇驚人的研究報告，「超過半數的三十歲以下年輕人暫時不想生兒育女，**因為他們看到父母如何為子女犧牲自己，他們還沒準備好做同樣的事情。**」

糟糕，這是我們家長樂見的事嗎？我們想養出快樂的孩子，結果卻做出不健康的示範？我們擱置自己的興趣，參加每場足球賽、舞蹈發表會、武術比賽，這又讓孩子看到什麼？我們成人放棄夢想，不再以自己為重，又是想傳達什麼訊息？問題是我們該如何取得平衡？

有個方法，就是想像「為人／為己量尺」。只要把這個模糊概念化為具體的圖示，就能清楚了解我們是**無我**，還是**自私**，想像一條直線的左端是「為人」，右端是「為己」。

如果你疲累不堪，沒力氣照顧自己的需求，請問自己，「現在我在『為人／為己量尺』上的哪個位置？」想想自己每週的行程，有多少是以他人為重？又有多少以自己為優先考量？如果多半落在左端，為自己多挪點時間並不自私（也許是去按摩，或和配偶交換照顧子女的行程，讓自己多睡一點）。

前文提到的大學諮商人員原本太偏左，因為她只想到學生。她的目標就是更接近量尺中央，花更多時間照顧自己，而不是忽略自己的需求。

如果你疏於照顧自己，請記得我們在第五章的練習，在月曆上圈出日期，修正目前不平衡的狀態，而不是空想著**有一天**就會優先考慮自己。你有哪些真正的重要事項遭到冷落？排定日期，起而行之。切記，追求自己的福祉不是自私，而是令人振奮。

是不是該主演自己的故事了？

「我們告訴自己的故事，成就我們的夢想。」

——奧普拉．溫弗瑞網路聯合總裁／雪莉．薩拉塔我有幸採訪雪莉．薩拉塔。大家可能知道，她是《歐普拉秀》的執行製作，哈博多媒體公司和歐普拉電視網的聯合董事長；卻不曉得她促成別人的故事二十年後（常常從早上六點半忙到晚上十一點半，而且一週工作七天），決定擔任自己故事的主角。她和多年摯友南西．赫拉成立的媒體公司又是什麼名稱呢？故事公司（Story.co）。

請收聽她們在播客推出的《雪莉與南西的五十歲月》和《棟樑人生》，兩個節目幫助別人主宰自己的生活，寫出新章節。

我問雪莉為何想轉換跑道，她說，「我只是想，『現在不換，更待何時？』我已經準備好用更嚴格的方法管理身心健康，歐普拉電視網採訪的企業鉅子也給我許多靈感，我看到他們實現夢想，希望自己也能趁有能力時唱出自己的歌，有些人降低夢想標準，因為害怕無法達成。我希望人們知道，他們告訴自己的故事最重要，會左右他們的外表、心境，也決定他們餘生會過什麼樣的日子。」

你呢？你對自己說什麼故事？是不是都幫人寫故事，卻忘了自己？是不是該說個新故事了？就像雪莉所說的，「你的故事還沒結束，才剛開始，你只需要擔綱主演。」

做自己喜歡的事不是縱容，是投資

「喜歡我不是你的責任，是我的。」

——美國演說家／拜倫．凱蒂

從今開始要留意，別缺席自己的故事。有時可能不明顯，也許是隨著時間一點一滴抽離，結果只是「好像活著」。我們已經習慣放棄自己希冀的事物，甚至不再開口要求。

舉例來說，我旅遊時有預算限制，所以我通常選擇……這麼說吧……下榻**划算**的旅館，而不是水濱較**高價**的飯店。

有一次我要去洛杉磯機場附近見客戶，因此我上網訂飯店。慢著，這是什麼？機場十分鐘外的瑪麗安德爾灣邊有飯店？價錢只比世紀大道上的火柴盒小房間貴十美元？當然訂！

我歡欣鼓舞地去牙買加飯店辦入住手續，這家熱帶風情的飯店彷彿從巴哈馬產地直送。

櫃臺問，「妳打哪兒來的？」我提起「一年水濱生活」，他很嚮往，還自動幫我升等。我走進寬敞的灣景套房，眼前一片燦爛夕陽，四周還鑲著高聳的棕櫚樹。我打開玻璃滑門，走到陽臺上，仰頭深吸帶著海水氣息的空氣，欣賞一對鵜鶘襯著落日飛翔的壯觀美景。

朋友葛蓮娜在我看得如癡如醉的時候打來，聽出我聲音中的喜悅，問，「怎麼了？」

我說我看到大海有多開心，她頗困惑，「莎曼，妳正在過『一年水濱生活』，不是本來就該住在大海、湖泊邊嗎？」

我解釋省錢的必要，也說我常常住街景套房。葛蓮娜頓了一下說，「莎曼，妳寧可花半年住海景房，也不要浪費一年看停車場吧？」

沒錯，葛蓮娜，妳說得對。

儘管你想要景觀房，是不是無奈接受街景房？

「貓咪的處世原則，似乎是提出要求又何妨。」

——美國作家／約瑟夫．伍德．克魯奇

你呢？是不是經年累月力行儉約（無論財務或心理層面），已經無法為自己爭取任何好處？你是不是時時妥協讓步——儘管想住湖邊，卻無奈接受窗外只有高速公路的客房？

我明白對預算或心理負責的重要性，有時的確要考量到經濟問題，有時做開心的事情，能讓我們覺得幸福源源不絕。對我而言，在海濱、湖邊醒來、寫作、散步都能激發快樂的漣漪效應，我的身心靈可以因此歡唱……多日。

我也可以住窗外是車庫的小房間，或沒有窗戶又令人覺得窒息的高樓客房。這次我卻住這裡，享受絕佳地點帶來的靈感，看到人們在戶外泛舟、玩立式槳板、跑步、充分享受人生，我就覺得精神奕奕，快活得想引吭高歌。

人生不該單調無聊，應該慶幸自己活在人世。要明白每週做件開心的事不是奢侈，而是投資一個更有活力的人生。

我並非建議大家**隨時**都可以／應該優先考量自己，繼續照顧別人，或量入為出也很重要。然而真正的人生，應該是以自己為主角……更不應該因此而感到歉疚或罪過，你覺得那是什麼樣的人生呢？

下一章將討論如何擺脫一成不變的常規、改掉可能妨礙你追尋快樂的習慣。

12 「習慣」好比橡皮筋，留心這條橡皮筋往回彈

「人的下半生似乎只是前半生所累積的習慣。」

——杜斯妥也夫斯基

我要招認。我分享了在切薩皮克灣駕駛帆船、和海豚薩克共游、下榻瑪麗安德爾灣的故事。真相呢？其實「一年水濱生活」的前三個月**沒有**太多水濱風光。怎麼回事？不只是預算的問題，而且「習慣」這條橡皮筋往回彈。請聽我娓娓道來。

我打給公司經理雪莉，我們討論可能成行的演講活動，她說，「莎曼，妳確定每個都要接下來？」

「什麼意思？」

「我看過妳的行事曆，過去三個月，妳有兩個月都在城裡、商務旅館、辦公大樓，那裡可不在水邊，妳確定這是妳要的生活？」

啊呀，這不是我想過的日子，我怎麼又習慣性地在行事曆裡排滿工作？

雪莉倒是有答案。「記得妳出發當天，我問妳，『妳最希望從這趟旅行得到什麼？』記得妳怎麼說嗎？妳說，『我知道我**不想要**什麼……我不希望這趟又變成公事……只不過在路上不斷奔波。』」

她一提，我馬上就想起來。我當時說我不想要什麼，果然就如同我們在前文所討論，我們專注於不想要的負面表述，就一定事與願違。

我為了幫自己說話，脫口講出幾個好理由，出發前那幾個禮拜，我都忙著丟東西、大掃除，與親友道別，然而我不該這麼糊塗，畢竟我對自己說過，「我**不希望**這個計畫成為平常的公事」，結果正好相反。問題是，既然我知道會適得其反，又何必這麼**做**？

我們專心做什麼，就會有什麼結果

「我要真真切切地活著，夜晚才不會充滿懊惱。」

——英國文學家／D·H·羅倫斯

我明明希望「一年水濱生活」的目的，就是不要工作過勞。我問雪莉，她對我又想填滿行事曆有什麼看法。

她說，「莎曼，妳想想，妳當單親母親、創業人士這麼多年。對妳而言，行程滿檔才是成功，才有安全感。妳才能如釋重負，因為妳可以付得出帳單。『一年水濱生活』是妳長年以來第一次行程有空檔，可能引起妳一定程度的恐慌。」

她說得對，我的收入完全來自客戶，沒有客戶等於沒有錢。因此過去三十年，空白的行程表示我需要拓展客層。

但如果要我直說，而我也想坦承不諱，我答應接下案子，恐怕也與自尊心脫不了關係。人們重視工作帶來的莫大成就感，「市場需要」更是讓我自我感覺良好。身為顧問，客戶找上門證明了我的價值。

然而這一年的目的，就是發揮冒險創意，我應該做「與平常相反」的事情，不是又因循舊例。

我想「摒棄」行程滿檔就象徵成功的固有思維，不想再把「一刻不得閒」當成安全、受人敬重或值得欽佩。

雪莉說，「幾年前，妳也釐清過類似的問題，記得嗎？」

她一說，我馬上想起來。安德魯去上維吉尼亞科技大學（湯姆已經先進去）的那週，我帶狗兒到湖邊散步遇到鄰居。她發現我兩個兒子都上大學，說，「妳一個人住那間大房子？一定有**空巢**症候群。」

我腦中從未浮現這個念頭，便微笑說，「我家不是**空**了，而是成為**開放**空間。」

她睜大眼睛，「什麼空間？」

「**開放**空間，空巢是說家裡沒人，但我在啊，兒子也不是從此走出我的人生。他們快樂、健康，做的是他們這個階段該做的事情。我們的關係依舊緊密，只要有空，我們都可以自由進去這個開放空間。」

「哇，我從來沒這麼想過。」

那個「開放空間」的重新定義提供更正面、更積極的看法。我的日子並不**空虛**，我是**開放**各種可能。與其認為這些日子是「沒有行程」，我倒認為是「沒有制式計畫」，我有餘裕可以應付腦中各式突發奇想。

我先前提過，我很欣賞雪莉實際又主動。她說，「為了確保妳不會因為壓力而接下每個客戶，我們必須先設定界限。妳要怎麼做，才不會又習慣排滿行程？」

好問題，以下就是我的方法。

你要怎麼做，才能培養新行為？

「如果你的界限沒有數字，那就不是界限。」

——莎曼・霍恩

說到改變習慣，我要給你一個概念，就是**計量**。如果不用計量的方法建立新行為、設定新界限，就無法加以具體化，除非指派特定、實在的數字，新計畫就難以執行。

雪莉和我限定每個月只有定量的日子可以做「客戶的工作」，也有一定數量的日子，從事「水濱工作」，我仍舊有財務責任，依然想要也需要賺錢，要與客戶合作，只是不想再一週工作七天。

設定數字之後，界限就不再模糊不清。我知道何時做太多公事，便能清楚明白（也有勇氣），知道要把活動排到下一個月、介紹給同業，或說「不了，謝謝」。

又開始重蹈覆轍？

「不重蹈覆轍需要膽量。」

——美國電視福音牧師／羅柏特．舒勒

你呢？雖然立定「就是今天，不要有一天」的心願，答應自己休息，是不是依舊在行事曆上排滿工作？「習慣」這條橡皮筋是不是回彈，你又舊習難改，恢復拚命三郎的行程？

如果是，請留心自己的措辭，是不是專注於你**不想**做的事情？是不是告訴自己，「我週末**不**工作。」倘若是這種情況，請改變用語。第一步就從你要做什麼，而不是不做什麼開始。「週末是家庭時間。」

第二，用數字具體化，那條橡皮筋才不會回彈，才不會走上這位新創人士的舊路。他告訴我，「頭幾年需要全心投入，我幾乎夜以繼日地工作，錯過許多孩子的活動，我也很懊惱。最近賣掉公司，答應家人創立新事業之前要休息一年陪伴他們，我兩個兒子都熱衷經過選拔才能參加的足球比賽（travel soccer），我志願擔任『隊伍爸爸』。我本來以為這樣就有時間陪他們。」他懊惱地苦笑，「結果完全出乎我的想像。」

「怎麼說？」

「如果接觸過孩子的競賽運動，無論是足球、壘球或游泳……妳就知道這些活動多費神，我還以為只要發發柳丁、安排旅遊事宜，可能辦個募款活動支付制服費用。當初真是太傻、太天真，我幾乎每天晚上都和家長通話，聽他們抱怨教練偏心、孩子上場的時間不夠長。足球聯盟請我參加委員會，我也同意了，搞不清楚自己攬下什麼差事，他們說賽季的月份就是一個月開會兩次，卻沒提到不斷往返的電郵往來，討論選拔正當性、裁判的抱怨、因為天候不佳重新安排比賽時間等等，我**又**沒空陪兒子了。」

「你打算怎麼辦？」

「我不確定，我已經答應足球聯盟和足球隊，又不能現在退出。」

「嗯。要不要拿些問題檢視自己的答案，看看有沒有辦法重新平衡『真正的重要事項』以及『實際優先順序』？」

「答案不是很明顯嗎？」

釐清問題，幫助我們恪守「真正的重要事項」

「我沒說輕鬆，只說絕對值得。」

——美國著名保險經紀人／亞特．威廉斯

1. 我想培養哪種新習慣？「真正的重要事項」中有哪件事是我想再花更多時間？目前我在這件事情上面又花多少百分比的時間？
2. 我花在其他責任的時間比例是多少？這些責任有結束時間嗎？是暫時性或季節性的工作嗎？很快就會結束，還是「永遠」不會結束？
3. 快轉到年底。花時間做那些工作，你會慶幸還是難過呢？會不會懊惱自己疏忽真正重要的事情，希望時間倒流該有多好？五年之後，你會有什麼想法？

4. 你扛起這些責任，是因為「必須」、「想做」，先前承諾別人，或是認為自己應該做？要付出什麼代價？犧牲的是**誰**？

5. 現在對你最重要的事情和人物是誰？長久看來又是哪些事、哪些人？你有沒有對他們付出時間，還是任憑自己脫離應走的軌道？

6. 你能不能發揮創意，分派或重新協商責任範圍，或減少時間？你才有時間做你真正看重的事情。

7. 能不能依照你真正重要的優先順序，為你的界限設定具體數字，才不光服務別人而忘了自己？那界限又是什麼呢？

釐清長遠之後的重要事物

「隧道盡頭的光不是幻象，隧道才是。」

——咖啡杯上的標語

那位新創人士幾週後與我聯絡，說他檢視上述問題，發現自己以前都沒看清真相，現在已經釐清優先順序。

他說，「我對委員會主席提出一個月後辭職的請求，也說我會負責找到替代人選，我請另一位家長分擔『隊伍爸爸』的責任，以免一人扛起所有工作。我們制定規則，請有問題的家長在比賽、練習時間，以及週間日的七到八點提問。其他時間，我們都不看留言、電郵，也不接電話，因為那是我們的家庭時間。起初，我以為家長一定會反彈。的確，我們不是全天候待命，某些人因此覺得不開心，但是其他人都能諒解，也支持我們的做法。」

那就是捫心自問，釐清問題的重點。你可能覺得自己有責任，沒有辦法解決眼下的僵局，當你執行「真正的重要事項」，**一定**有其他辦法。

記得哈利．薛平那首〈搖籃中的貓咪〉嗎？歌詞裡的兒子找他玩，那個爸爸總是有班機要趕、有帳單要付，兒子想知道他何時會回家，爸爸總是不斷拖延。後來爸爸終於有時間陪兒子，打電話過去，卻發現兒子也很忙。歌詞中的父親懊惱，一切為時晚矣，他的兒子已經長大，而且和爸爸如出一轍。

你也和這首歌一樣，以為你想陪伴的人永遠等著你？你認為「真正的重要事項」永遠不會消失，就等你準備妥當？

其實有預防方法，不必等日後懊惱。現在就拿起電話，打給你一直惦掛著要聯絡的人，以「真正的重要事項」為重，設定時間界限，以免自己重蹈覆轍。現在就做，不要等待，一等可能就為時晚矣。

如何預防「習慣」這條橡皮筋回彈？

「有人相信堅持不懈代表毅力，然而有時知道何時該放手，也願意捨棄，才需要更大的心力。」

——美國專欄作家／安．蘭德斯

我和好友莉（幫公司主管籌辦智囊團聚會，陪我去看詹姆斯．泰勒演唱會的那位）聊到設定界限的事情，她說，「妳今天非得跟我聊聊這件事不可。」

「怎麼了？」我問。

「我最近過勞，自己都很納悶原因，看了行事曆才發現，我已經連續十二個晚上都出門參加活動，我個性很內向！問題是這些活動都很有意義，我沒辦法拒絕。」

我告訴她，「莉，妳是公眾人物，每週要參加多少活動，一定要設定客觀（或主觀）界限，妳不能說每個都當不同的個案處理，否則妳就會見樹不見林。妳認為，『我得支持這個募款餐會，他們以前也幫我打氣』，或是『我不能拒絕他，他和我患難與共』。這只是鄉愿地成全每個人，卻委屈了妳自己。」

「莎曼，理論上聽起來有道理，但我不知道該如何付諸實行，況且一定有例外吧？」

我告訴她，「例外就是設定界限之後的無限上綱，上次茂宜作家協會在大韋利亞華爾道夫度假酒店辦活動，我就學到了慘痛教訓。我們週五晚上的活動請到幽默作家戴夫・貝瑞，之後還有夏威夷知名歌手基亞里・睿裘，當天他會帶草裙舞團上臺，他們剛去過卡內基音樂廳表演。」

「我們的門票銷售一空，好多人都沒辦法入場。招待會時，某位來自大島的委員沮喪地攔下我，他說他一週前打給作家協會買票，接電話的職員說他不必買票，到時他到門口接他就好了，這位成員全家都飛來茂宜，卻聽到，『抱歉，沒有門票了。』」

「當時我只想到，他多年來熱情支持我，我幫這個忙也只是回報他，所以我說包在我身上。」

「大錯特錯，當時我以為名正言順，後來產生嚴重的反效果。有人聽說這件事之後非常生氣（我也能理解），因為我開後門，就等於開了潘朵拉的盒子。我只想到這個人，沒想到全盤局勢，結果捅出亂子。」

莉說，「了解，我不想打開潘朵拉的盒子，也不想再不斷破例。我決定一週最多出門四晚，我會記得其他三晚在家充電，對我的身心健康有多重要。」

你呢？你有沒有為「真正的重要事項」設定界限？如果你想打破規則開先例，問問自己是否想打開潘朵拉的盒子。

心法五

「歌頌」人生的美妙

「我向來覺得，生命熱愛真正用心生活的人。」
——美國非裔作家／瑪雅．安傑盧

即使生活不順心，心法五分享，我們該如何享受此時此地的人生，儘管人生有許多難以控制的緊張局面，你會發現，每天還是能做些小事，讓人覺得活著挺值得。

13 活在美好的一天裡

「活在『今天』。」

——美國人際關係學大師／戴爾・卡內基

多虧我的朋友瑪麗，是她介紹關鍵方法，教我如何活在美好的今天。當時我們在科羅納戴爾馬爾辦一年一度的智囊團度假。智囊團活動是什麼？就是一群人定期親自或透過虛擬方式會面，彼此腦力激盪最重要的目標，監督對方達到目標，再互相喝采。

瑪麗幾年前的男友是發派到空軍學院的上校，她很讚嘆他能和同學維持幾十年的友誼。她提議我們也建立這種「彼此支持」的關係，互相打氣、幫忙。大家每一季都打電話聯繫，一年一度找地方共度週末，審視、預告彼此的工作目標，建立「就是今天，不要有一天」的夢想，互相獻策要如何實現夢想，又要如何彼此幫忙。

那次輪到瑪麗主持活動。我們好整以暇，拿出筆記，等她發言。她掛著蒙娜麗莎般的微笑問，「你們早課都做些什麼？」

我們一臉叔比狗的困惑表情，「我們的什麼？」

「就是早課啊，你們會冥想？還是在感激日誌中寫幾句話？都做些什麼？」

丹妮絲和我聳肩說沒有。

「嗯，那就該開始培養。起床的頭幾分鐘往往是我們唯一能掌控的時間，如何開始就能左右這一天的心情，要是被鬧鐘驚醒，一整天的情緒就是非戰即逃。如果一起床就檢查電子信箱或看新聞，待辦事項和壞消息立即排山倒海而來。」

「否則我們該怎麼做？」

「設計令人心情愉快的早課，我一早起來就泡自己最愛的茶，坐在窗邊，寫我的感謝日誌。那二十分鐘，萬事美好。」她頓了一下。「有時，一整天只有那段時間能給我那種心情。」

瑪麗說得對。那次之後我每天做早課，發現這個方法就能「活在美好的一天」。如同瑪麗所說，我無法控制接下來要發生的事情，只能控制那幾分鐘。我發現，花十分鐘「規劃目標和記錄感恩」就是好日子的第一張骨牌，只要我願意花時間做早課，接下來的事情就會跟上腳步。

拿出「就是今天日誌」，寫下一天美好的序章

「行動是絕望的解藥。」

——美國鄉村歌手／瓊．貝茲

你呢？你有早課嗎？是什麼？對你有何影響？

有個朋友遭到離職員工控告，這個人（她投注許多時間在對方身上）的背叛讓她傷心欲絕，隨著訴訟費用的增加，加上她又得花時間找出幾個月前的通聯紀錄，證明對方的控訴是子虛烏有，她生氣又沮喪（據說沮喪是壓抑的怒氣）。

我問，「妳寫日記嗎？」

「誰有時間啊！」

我說，「生活不順遂時，很容易就『鑽牛角尖』，先發制人的方法就是『寫出來』，才能把心煩的事具體寫到紙上，一吐為快，免得阻塞我們的情緒。」

認同寫日記有正面影響的人不只有我。耶魯、史丹佛和哈佛都有研究指出，「感恩日記」可以「增強免疫系統、減少生病機率、降低焦慮、沮喪情緒，強化人際關係。」

「就是今天日記」則記錄當天的目標，我的朋友當然不是自願選擇被告，也無法控制自己的念頭，但她可以決定負面情緒停留的時間。

馬克・吐溫說，「把思緒拖離煩惱，無論拉著耳朵、拖著腳跟等，只要達成目的就好，這是身體所能做到最健康的事情。」

「就是今天日誌」不止是拖著思緒離開煩惱，還能記錄「真正重要事項」的進度，集中精神完成當天的目標。裡面還有鼓舞人心的名言，讓你有所期盼。

我希望這本日記帶來歡樂，而不是無聊的瑣事，我試過各式各樣的設計，請教人們喜歡哪一款，許多人都說他們喜歡樣式多變化，而不是只有一種制式規格，所以他們每天都看到不一樣的頁面，每一頁都有新創意。以下就是其中一頁。

就是今天，不是有一天日誌

今日名言：「我持之以恆地待在舒適圈外。」

——美國時裝設計師／托莉・柏屈

這句名言對我有何意義？我要怎麼效法，並融入我今天的生活？

歌頌：哪怕只有片刻，我今天要做什麼，才能讓我炯炯有神？

推行：我今天要做什麼事情，「真正的重要事項」才有進度？

評估：今天我碰到最棒的事情是什麼？

你呢？你寫日記嗎？如果有，對你的生活又有什麼影響？靈性作家娜塔莉・高柏說，寫日記是「和你的心靈交往」。寫日記往往是整天唯一能專注「真正重要事項」又不被打斷的時間，我們可以藉此專注最重視的事情，而不是「眼不見、心不想」。寫日記絕對值得。

寫日記就像上健身房

「當然，我們怎麼過每一天，就怎麼過這一生。」

——美國作家／安妮・迪勒

某次來參加沙龍的女子問，「妳的日記可以回顧當天嗎？我想在就寢前寫下進展順利的事情，有助我一夜好夢。」

我告訴她，「我同意，開始和結束都能用積極的態度面對，給人周而復始、有始有終的成就感。」

另一位女子說，「我不喜歡早起，下床之前多半要按貪睡功能好幾次。所以一早起來寫日記，不是我重視的優先事項，可是我後來在《華爾街日報》讀到『無禮眼鏡』。」

「那是什麼？」

「根據馬里蘭大學的研究，如果一早就看到無禮行為，接下來一整天看到類似事件的頻率就會大幅提升，自己也會更粗魯。我決定，我不想每天早上火冒三丈地展開一天，我告訴自己，我要連寫一個月的日記，如果一個月後不想寫再看著辦。」

「後來呢？」

她微笑回答，「我在一個月後發現，寫日記就像上健身房，不是每次都想去，但之後都很慶幸自己去了。我喜歡回顧日記，看到自己長足的進步，繼續往正確的方向前進。」

你今天／每天要怎麼做，才能促進自己的福祉？

「我們每天都重生，今天所做所為最重要。」

——佛陀

除了寫日記之外，還有另一個方法可以活出美好的一天，如果當下的人生有許多挑戰，這個方法格外有幫助。

我曾經指導TED南太浩湖的演講者，其中包括戈碧·卡瑪雷，她教授華爾街金融企業員工進行冥想，這些公司可是掌握了幾十兆美元。她說，「這個業界有莫大的雄心抱負，壓力當然也是山大。有個主管說他出差回國之後，兩歲的兒子已經不認得他，我覺得我們需要制衡這種排山倒海而來的壓力，所以開了冥想課。第一次上課，我竟然看到六十個西裝筆挺的學員。後來消息傳開，現在貝萊德投信全球有六十個分公司都有冥想課。」

我問，「對忙得像陀螺的人而言，冥想最重要的好處是什麼？」

戈碧回答，「我們追蹤結果、整理統計數字，發現冥想可以改善工作表現、生產力，促進心靈平靜。但是對我而言，更重要的是這些壓力過大的人都告訴我，他們不再拿內心的健康去換外在的成功。他們的理念變成，『我**今天**該怎麼做才能照顧到自己？』」

我可以證實冥想的好處。幾年前，朋友在我公司最忙的「旺季」送我美體沙龍的禮券。我才進門，按摩師看我一眼就說，「我看得出妳沒好好呼吸，人們緊張時就會屏息，因為覺得自己就像在水裡。但是呼吸短淺，表示妳只是表面看起來像是過日子。」

哇！這是被按摩耽誤的治療師吧，「還有呢？」我問。

「我們沒好好呼吸，就沒表達情感，或是釋放體內的毒素。這些有害物質會在體內堆積，荼毒我們的身心，我可以幫妳按摩，但是請妳幫自己一個忙，學會腹式呼吸。」

「那是什麼？」

「呼吸通常反映我們的心理狀態，腹式呼吸的目標就是引導心理狀態，慢慢深呼吸，就能減緩心跳、思考速度，減少壓力，下次再覺得壓力龐大，就試試這個方法，不必打坐或上瑜伽課，隨時隨地都能進行……即使在辦公桌前也可以。」

五分鐘腹式呼吸冥想

「冥想是終極休息，能活化思緒。」

——國際巨星／休．傑克曼

覺得壓力山大？試試這個方法。

1. 坐挺，放鬆肩膀、手臂，雙手放在大腿上。

2. 從下面漸漸往上吸氣。肺部分成三個部分：最下面在腹部，中間在肚臍上方，最頂端在胸部。你從鼻孔吸氣，先將空氣送到最下方，接著中間部位也充滿元氣和空氣。最後，隨著空氣運行，胸腔和上背部跟著擴展。

3. 手心可以貼著腹部，就能感受到每次呼吸所帶來的擴張和收縮。我們很多人都以為要吸小腹，也許其他場合需要，但這時沒必要。請放鬆緊繃的肌肉，目的就是察覺腹部的擴張和收縮，不是為了保持腹部平坦。

4. 當你覺得肺部舒服地充滿氣時（不要硬吸）就停止，然後持續緩緩地從嘴巴吐氣（而不是咻一下全吐光）。

5. **吸氣**可以數到六秒，**吐氣**也是數到六秒。吸氣時可能要在心裡默數「一、二、三、四、五、六」，吐氣也一樣。

我永遠感謝朋友送我那張禮券，也謝謝那位按摩師的睿智建議，謝謝她建議我隨時隨地都可以調整心態。她說得對，如果我覺得緊繃，通常都沒好好呼吸。無論任何場合，只要我運用腹式呼吸，竟然就能平靜下來，重新找回快樂。

你呢？你倍感壓力嗎？覺得生活充滿挑戰？你冥想嗎？腹式呼吸嗎？如果有，是否比較能舒緩壓力？如果沒有，請試試看，完全免費，隨時隨地都可以進行五分鐘……而且真的有效。

如何創造平靜

「當我們不能在心裡找到平靜，向外尋求也是徒然。」

——法國箴言作家／拉羅什福科

希望腹式呼吸更有助益嗎？默數的數字就用六個你想體會的心情或特徵代替，這些宣言越短、越容易發音越好。

吸氣、吐氣時複誦宣言就是一種承諾，你不僅做有益健康的腹式呼吸，也不斷銘記自己要呈現給世人的形象，背後也有許多心理層面的好處。

以下就是我腹式呼吸時默唸的宣言，這不止是展開一天的好方法，也不僅僅能抵銷壓力。我上床時也默唸這六組詞語，「覺——知……看——見」……「健——康」……「財——富」……醒來時已經是隔天早晨。

第一組呼吸：覺知……看見。

第二組：健康……財富。

第三組：聽見……去愛。

第四組：現在……哇塞。

第五組：流動……放手。
第六組：接受……呼吸。

我的同業亞當．馬可爾，同時也是暢銷書《逆轉人生的關鍵課》的作者，每天早上起床都默唸，「我熱愛我的人生，我熱愛我的人生」。他告訴我，「就算有事情不順利，這七個字也能神奇地帶給我好心情。」

你呢？你要如何為你的一天定調？又怎麼減輕壓力？你如何藉由呼吸表達自己想呈現的形象？

傑克．康菲爾德說，「當我們太投入塵世煩囂中，就會斷了與他人、與自己的聯繫。」你今天要怎麼抵抗紅塵俗世，活出美好的一天？如果你想與你看重的人事物保持聯繫，請繼續看下去。

14 不要鑽牛角尖，打開五感

「人一旦注意了任何事物，即使是一片草葉，這片草葉就會變得神祕，令人敬畏，成為無法用言語形容的壯觀世界。」

——美國文壇大師／亨利・米勒

我知道聽起來像陳腔濫調，但你見過令你屏氣凝神的美景嗎？

杜威・瓊斯是我的朋友，也曾是《國家地理》雜誌的攝影師，他得知我的「一年水濱生活」計畫之後，邀請我到法國莫內花園參加私人攝影工作坊。

我大概花一秒考慮就答應，畢竟這是難能可貴的機會，竟然可以在莫內花園開放給遊客之前的清晨，就看到傳說中的睡蓮池。

我們先吃剛出爐的可頌麵包、喝法式濾壓咖啡，穿過吉維尼小鎮的魚肚白街頭，在綠色大門前與園丁長會面。沒錯，指引文字就是這麼寫。

早上七點整，他開了大門，引我們這一小撮人走進人間天堂一隅。其他人對著鳶尾花、薔薇、牡丹等各式各樣可想像的花朵驚嘆連連。我呢？我和睡蓮池有約呢。

杜威帶我穿過隧道，前往道路盡頭的隱密花園，我們沿著茂密竹林的小溪，拐個彎，就看到那座著名的綠色拱橋，兩旁淨是垂柳。收在眼底淨是各式粉紅色、淺紫色和桃紅色，活脫脫就是大自然生生不息的見證。修剪整齊的樹籬、設計精緻的花朵排列與此地完全南轅北轍。

如同杜威所言，這裡**生機盎然**。我當場覺得很有意思，事後又去查字典。生機盎然的定義是「充滿生機、活力」，我們周遭的確是一片生命力旺盛的模樣。思想家瑞夫．華道．艾默生說，「大地以花為笑。」我發現自己放聲大笑，不是因為聽到什麼笑話，只是眼前的景象太令我開心。我的心在花園小道上越來越柔軟，我把美景盡收眼底，心裡滿是驚嘆，樹林間的蟲鳴鳥叫迎接嶄新的一天，一切如此生動，我還活在人世，兩者都讓我充滿感激之情。

為什麼這件事這麼重要？因為很多人都認為他們**等到**……**只要**……**以後**……就會幸福快樂。他們**等到**退休就會開心，加薪**之後**就會開心，**只要**瘦個四、五公斤，就會開心。**以後**找到真愛，就會開心。

要知道，在**這裡**不開心，在**那裡**也不會快樂。

的確，一步步追求有意義的目標或夢想很重要……但是不能將快樂與其掛鉤，否則幸福永遠在遠方，但是我們希望幸福快樂唾手可及。

要能在此時此地得到幸福，就是將所有體驗當成第一次或最後一次，並且利用五感銘記，感恩自己還能活著感受到。

你的相機有活力嗎？

「如果我們唯一說過的祈禱詞就是『謝謝』，已然足矣。」

——德國神學家／埃克哈特大師

有位會計師法蘭克反駁，「莎曼，我起床之後就去上班，在辦公桌吃午餐，下班回家。就算週末出門，也是去辦事、買雜貨、看電影或上館子。我不常看到大自然。」

我說，「我懂。我建議你看杜威．瓊斯在TED上的演講影片『歡慶世界美好的一面！』訂閱他每天提供的免費畫面。即使不離開椅子，也能體驗大自然。」

杜威在影片結尾時分享一個精采故事，他有次接了拍攝的工作，那天就是凡事都不順心的日子。光線不對，所有畫面都不生動，除了工作受挫之外，有個小男孩黏著杜威，不斷用各種問題砲轟他。杜威每次要拍照，那個小孩都站到三角架前，拿出他的粉紅塑膠相機拍下他要的畫面。

杜威有點不開心，後來小男孩亞當抬頭看杜威，「你有相機嗎？」

如同杜威本人所言，他有各式各樣昂貴的攝影器材，因此他不耐煩地回答，「有。」

亞當頓了一下說，「喔。可是你的相機有活力嗎？」

這下他被問倒了。沒有，杜威說他的相機沒有，小男孩的有。那時杜威帶著惱怒的眼神看世界，小男孩則是覺得處處有驚喜。

沒有一樣禮物能勝過當下

「我的人生無與倫比，若能更早發現該多好。」

——法國作家、默劇演員和記者／珂蕾特

如果你想更快樂，請跟隨亞當的腳步，帶著活力欣賞世界。

我們多數人活在時間壓力之下，時鐘主宰我們的生命。我們在一定的時間上班，在一定的時間進餐、赴約。我們常遲到、遲交，導致進度落後，繼而覺得前方遙不可及，彷彿節節後退。

你覺得「自己越趕越落後」嗎？你可能已經發現，在匆忙的狀態之下很難感到快樂。拚命求快嚴重影響生活品質，幸好我們有方法抵制。

沒有一樣禮物勝過當下，眼前就是最好的時機，你應該趁現在別再鑽牛角尖，「打開五感」。方法就藉由以下「我現在看到」的簡易練習。

1. 環視周遭，目光停在特定的物品上。想像只有你能看。請好好注視你正坐著的椅子，想想你在這張椅子上花了多少時間，在那裡經歷多少事情，幾秒前沒注意的事情可能引起你的興趣。

2. 再看看附近的另一樣東西，並且詳細觀察，旁邊有電腦或電話嗎？你可能打開之後根本沒多想，我們竟然能在一塊塑膠上敲敲打打，訊息就能傳到千里之外。請好好觀察這個無機體，想想你創造的點子、分享的歡笑、體驗到的情意。好好想過這樣東西有多神奇，實在無法再視其為理所當然。

3. 將焦點挪到附近的某人身上。當你看著這個人，不要想著你已經知道的背景（「她根本不聽我的。」、「他又忘了去加油。」、「為什麼公司提拔的是她，不是我？」），用全新的目光檢視對方。想像你是頭一次見到他或她，是不是更能激發你的同理心呢？

「我現在看到」的練習可以改變你的心情

「如果上帝有此意，祂想炫耀絕對不成問題。」

——美國作家和演說家／安・拉默特

「我現在看到」的練習有許多好處，不只能幫我們離開電子數位產品，更注重當下，而不是永遠忙個不停；還能在我們心情低落時幫忙打氣。

我和久未見面的朋友，約在某座壯麗山脈的山腳下共進午餐。用餐期間，她提到四十歲還單身頗令她難過，「我一直以為有朝一日會遇到合拍的男子，與他結婚生子，看來這個願望無法實現，我又無能為力。」

我不想說她小題大作，但我也知道她忽略了人生中正在發生的好事。此外，我認為她的表情和儀態都導致她越來越沮喪，她垮著臉，懶洋洋地跌坐在椅子上，垂著眼。我說，「抬頭看，什麼都別說，光環顧四周，好好欣賞這片風景。」

她往後靠，緩緩地掃過窗外的風景。片刻之後，她疑惑地看著我。我說，「我問妳，妳看到什麼？」

「山脈吧。」

我打斷她，「仔細描述妳看到的景色。」

「我看到香蕉樹、芒果樹、鱷梨和綠色鳳梨田延伸到山丘上……」接著繼續敘述她看到什麼。

我問，「妳現在覺得怎麼樣？」

她想了一會兒，笑逐顏開，「好多了。」

沒錯，就是這句話。「覺得心情好轉[9]了嗎？」這不只是某種措辭，也是處方箋。抬頭看就能打起精神，提高目光就能振作心情。簡而言之，抬頭看很難覺得情緒低落。此時此刻，就在原地試試看。抬頭環顧四周，用全新的目光或抱著最後一眼的心態把所有東西看進眼裡，現在覺得如何？希望你覺得好多了。

如果你想看盎然綠意卻找不到，請上DiscoverTheForest.org網站。我當初從「廣告協會」[10]的廣播活動「走向大自然」得知，這做法很酷，只要在該網站的搜尋引擎裡輸入郵遞區號，就能看到方圓五到五十哩之內的郊外。網站甚至有「小四生免費入園」[11]方案和應用軟體「Discovery探員」，就是為了讓戶外活動更添遊戲色彩，挺適

9. look up除了有「心情好轉」的意思之外，同時也指「抬頭看」。
10. Ad Council，美國非營利組織，匯集廣告，媒體和科技領域最具創造力的人才。
11. 美國政府於二〇一五年推出這項Every Kid in a Park（現改名為Every Kid Outdoors）計畫，希望小朋友與其父母更親近這些豐富的自然與人文資源。

合闔家出遊。

有位女子寄來電子郵件，「我出不了門，無法出外欣賞大自然。請問有其他建議嗎？」

我回信，「請人幫妳買花，甚至不需要一整束，一朵更美。將花插在床頭，它就是妳一早起來第一樣，也是睡前最後一樣映入眼簾的東西。」

如果沒有預算或買不到花，下載有大自然美景的螢幕保護程式，每次盯著電腦都可以環遊世界，體驗地球的美，請訂閱杜威每天更新的圖片，即使不出門都能沉浸在大自然的壯麗美景中。

這章的重點是什麼呢？既然立定心願「就是今天，不要有一天」，就該注意到此時此刻此地此景。只要我們願意，快樂就在身邊，只要花點心思**察覺**。

15 動起來吧

「對我而言，人生可以總結成一件事，就是動。」

——美國知名喜劇演員／傑瑞．塞恩菲爾德

我在奧勒岡州波特蘭結束演講，正要和主持人去吃晚餐。我們必須摸黑下樓梯到飯店停車場，我探一眼黑暗深淵，伸手找扶手卻找不到。我以為臺階已經走完，結果踩空，肋骨正面撞上一部停好的車子。

我震驚地呆坐著。前一分鐘還好好的，下一分鐘就出事。朋友憂心忡忡問，「妳還好嗎？」

「應該沒問題，走走路就好了。」這向來都是我的策略。當網球員時，如果我扭傷腳踝，我知道要繼續走動。一旦坐下，傷勢就會越來越嚴重。只要繼續移動，我的身體就會神奇地痊癒。

所以我走著走著，直到我覺得自己又恢復「老樣子」。晚餐時，我肋骨痠痛，但我沒多想，結果隔天早上無法下床。我整個身側灼痛，任何突如其來的動作都會讓我痛到無法呼吸。我小心翼翼地下床，爬到電腦邊，上網查了症狀，認為自己應該是瘀青或肋骨骨折（順帶說明：是，我知道醫生很討厭我們上網自我診斷）。

網路說我如果去急診室，醫生會幫我拍X光片，確定我是不是有肋骨刺穿肺部的危險，但不會幫我「纏繃帶」，因為現在的醫生覺得那種過時的方法百害而無一利。他們可能給我止痛藥，勸我「別緊張」，只要不要加重傷勢，肋骨終究會癒合。

嗯，當天稍晚我得飛到夏威夷。我可能太傻太天真，總之我決定在海島上好好放鬆。我輕手輕腳前往機場，發現只要慢慢走、別擺動手臂，就不會那麼痛。只有需要抬東西，例如隨機行李時，身體才會迅速提醒我，「**不要啊！**」

我平安抵達（倒是沒那麼健康），入住威雷雅一間雅致飯店。唯一的壞處是什麼？客房的裝潢風格走現代風，所有家具都很矮。沙發、椅子、床榻都很低。我看著床鋪，心想該如何躺下，更別說該如何起身了。

我忖度著，「有了，我就到海邊散散步。」我們住在附近時，我在那條海濱步道度過幾百小時的快樂時光，而且我說過，走路是我的萬靈丹。

這個想法雖然好，實際進行可沒那麼順利。才走五分鐘，我就知道不妙。那條狹窄蜿蜒的小路都是慢跑、快走的人，還有人推娃娃車散步，因此我幾乎每分鐘都得閃來躲去。這可不成，我掉頭回飯店，覺得自己很窩囊。

你是親身投入，還是袖手旁觀？

「讓未來的自己感謝你今天做的這件事。」

——某健身房標語

結果呢？我成了旁觀者，只能坐看大海，連腳趾都沒踩進水裡。我看著人們游泳、潛水、玩風帆，自己始終坐在椅子上。人們從事各種運動，我卻覺得好疏離，彷彿沒有好好過日子。

我從這件事學到什麼教訓？親身**投入**和袖手**旁觀**之間有個滑坡效應，我通常很積極參與，現在只能坐在場邊，而且我坐得越久，越覺得提不起勁。

記得「慣性定律」嗎？靜止的物體會保持靜止？運動的物體會繼續運動？我在悲慘狀況下發現，久坐不動會導致人們漸漸僵化，「漸漸僵化」意思就是「失去熱誠和主動性」，那就是我當時的感覺。我看著人們過日子，自己只覺得漠不關心，彷彿生活與我無關，成了行屍走肉。

天氣晴朗無雲，我悶悶不樂待在屋裡。有一天，我受夠無精打采的低落情緒，心想，「我一定要想想辦法」。我便起身到戶外走走，心情馬上好轉。我才發現，

「行動等同心情。越不動就越沮喪，越動越有活力。」

我運氣很好，因為飯店的泳池有個平緩的斜坡可以下水，我就不用上下階梯。走進水裡就像回到老家，我彷彿如魚得水，我慢慢走進水裡，不斷划動雙手，幾乎可以覺得肋骨正在緩緩復元，能自由行動真是一大福音。

你感謝自己的健康嗎？或是覺得理所當然？

「如果我知道能活到這麼久，就會好好照顧自己。」

——美國職棒傳奇球星／米奇．曼托

你呢？身體健康嗎？沒有任何病痛？你是感恩，還是覺得理所當然？

回想「快樂訪談」，當時你列出五件最重要的事情，其中包括健康嗎？還有，這是你花最多時間的前五名嗎？

對許多人而言不是，我們都是失去健康才徒呼負負。大家都知道該離開沙發或書桌，起來動一動，但是一忙起來，又把這件事往後排。我們把健康視為理所當然，直到身體出狀況。

本章的目的就是提醒大家，想活得久，**現在**就應該開始照顧自己。快樂和健康有緊密連結，缺一不可。在你失去**之前**，你要如何運用行動自由？你要如何親身投入，而不是袖手旁觀？

在夏威夷休養兩週之後，我回到美國本土，繼續我的「一年水濱生活」。當時我正收聽葛里森．凱勒最後一集現場廣播節目《大家來我家》，當天就從好萊塢露天劇場直播。歐巴馬總統還叩應向葛里森致意，謝謝他說了四十二年（！）的故事，「讓大家都更具人性。」

歐巴馬努力將焦點擺在葛里森，後者則不斷轉回總統身上。凱勒問，「卸任之後有哪件事情令你期待？」

歐巴馬不假思索，大笑說，「上車不必帶特勤局，自己開車去兜風。」

隨時開車想去哪裡就去哪裡，的確是自由的極致，但是多數人連想都沒想過，更別說珍惜了。

心理學家亞伯拉罕．馬斯洛在「需求層次」理論提出，「得到滿足的需求就不再是動力」。換句話說，一旦有了食物、安全、住房、自由，我們就毫不在意；除非失去，否則不會懷念。

你是否將自由視為理所當然？

「人類活著時，真的了解生命的意義嗎？」

——美國小說家／索爾頓．懷爾德／《小鎮》

無論各種形式的自由，都太珍貴，不能等閒視之。我去加州優勝美地度假時，某件事情帶給我這層啟發。

當時我們下榻的家庭旅館有雪地健行和乘雪橇的活動，那時我們還住在夏威夷，所以有機會在雪地玩很吸引湯姆和安德魯。沒想到暴風雪會把我們困在屋內，無所謂，至少還能打桌球、玩桌遊，我們依舊自得其樂。

某晚，飯店經理說他很擔心兩位沒入住的房客，他不知道對方是在風雪中迷路，還是掉到雪堆裡。

突然間，有人推開門，那對夫妻趕來了，我們立刻上前關切。他們的確迷路，但是接下來的事情才令我永遠忘不了：他們不驚慌，**因為他們身在美國**。

兩人在俄羅斯長大，就算要在國內旅遊，也要向有關當局提交行程表。如果沒在特定時間抵達某個檢查站，相關部門就會起疑，他們可能遭到質疑，甚至逮捕。這對夫妻說他們不擔心，因為身邊有食物、水、毛毯，認為別人救出他們之前都安全無慮，至少不必擔心坐牢，失去自由。

那件事情帶給我莫大衝擊。我暗暗答應自己，要重視行動自由，不要對這種恩典無動於衷。

你有好好利用行動自由嗎？

「一旦坐過牢，就會珍惜小事，好比隨時想散步就散步，想去店裡買報紙就去，想說話就說話，想沉默就沉默。就是這種自己能支配的簡單行為。」

——南非前總統／曼德拉

想起不能舒坦地走路，想起毫無恐懼地自由旅遊，我就會再次記得行動自由如此珍貴，不能輕忽。

仔細想想，其實許多人一秒都沒想過，可以隨時上車，開到想去的地點有何意義。我們麻木不仁地過著生活日常，天天走同樣路線通勤、辦雜事，常常還得塞在路上，我們覺得交通方式帶來挫折，而不是自由。

不如這個週末就改變心態？汽車、單車、雙腳、火車、地鐵、飛機不只是交通工具，也是轉換的工具。別再把它們帶來的行動自由當成理所當然，要把它們當成快樂的觸媒。

住家附近是否有你一直想去探索卻沒去的地方？可能是歷史地標、城市另一頭或風景區，今天就在月曆上圈出日期。如果你沒有車子，那個地方又無法步行抵達，可以租共享汽車ZipCar、搭火車、地鐵、公車，或騎上你的單車。

這次不要急著從甲地趕到乙地，要心存感激，因為你可以隨心所欲，不必申請許可、不必向相關單位報告目的地，也不必在特定時間趕到，以免坐牢。我們要開心自己有自主權，可以「想去哪兒就去哪兒」。

不是只有我認為行動自由是自主權的精髓。某次我去德州奧斯汀的西南偏南多媒體藝術節，更體會到這個道理。當天早上的主講人是創立共乘服務「來福車」的洛根·葛林。他介紹該行業的最新趨勢，並以稀鬆平常的口吻說，「自駕車在我們這個世代就會普及。」

採訪他的人不敢置信。他說，「我在德州出生長大。打從我十四歲起，身邊所有朋友腦子裡只想著車子，聊天的話題也只有車子，還會存錢買我們第一部車。等到我們滿十六歲，立刻去監理處申請駕照。」他頓了一下繼續說，彷彿依舊覺得不可思議。「我兒子今年十八歲，甚至不想買車，也不打算去考駕照，才一代就有這麼大的改變。」

他說話時，我發現鄰座的女士熱淚盈眶，我問她，「妳還好嗎？」

「我現在只想到我爸爸。我們上個月得收走他的鑰匙，我很傷心，那大概是我這輩子最痛苦的決定。他已經八十歲，視力越來越差，而且定期服用藥物。但他就是不肯，認為這是奪走他的獨立，擔心日子會越來越難捱。」

我為什麼說這則故事呢？因為我們不想等到失去「駕駛許可」才重視我們的機動性、自主權和行動自由。如果你曾考慮自駕旅行，也許可以準備上路了。不必非得穿越整個美國或整州，到隔壁郡逛逛都好。目標就是享受自主權，感謝上天讓你隨時想去哪裡就去哪裡。

走路就是動態的覺知

「如同用腳親吻大地般地走著。」

——著名佛教禪宗僧侶／釋一行禪師

還有另一個方法可以珍惜行動自由，但不是健走。

請別誤會，我絕對相信健走的功效。我人生頭幾十年曾是跑者、游泳選手、網球選手。運動的目標就是提高體能、加速心跳，總之，絕對**不能停**。就像健身狂所說的，「汗水就是哭泣的脂肪。」

軟腳蝦、廢柴才停下來。但是肋骨受傷時，我養成走走停停的習慣。多年好友茱蒂．葛雷讓我認清事實。茱蒂是「協會主管組織」的佛州執行總裁，當時我覺得，該為了「一年水濱生活」去佛羅里達看看，便約在聖彼得堡名勝古蹟維諾萬麗飯店。

茱蒂知道我肋骨受傷，所以我們……慢……慢……來。我們悠哉閒晃、漫步，還真的停下腳步，聞聞玫瑰花香[12]。茱蒂大笑，「這就像來遛狗，狗狗每次出門就像出來大探險，會豎起尾巴、眼睛閃閃發亮，聞個不停。就算走過我家那條街道幾百次，牠們還是覺得很有趣。」她又補充，「除非親自走過一遍，否則不算真正去過那個地方。」

茱蒂說得對，當時我已經從瑪麗安德爾灣到切薩皮克灣……兩回，有幸住過佛州彭薩科拉到波特蘭的水濱城鎮，從夏威夷群島住到南卡羅來納州的希爾頓黑德島。她說得沒錯，我可以開車參觀市鎮，但是一定要親自走過才能探索當地的精神，這就是觀察和親身實踐的差別。

我依舊會競走加快心跳、促進血流速度，運動健身。但我也會用雙腳親吻大地，以狗狗般的警敏眼神，帶著讚嘆的心情留意周遭環境。我要跑步、騎車，也不忘走走停停。

邊動邊靜思

「如果沒有把握，就走到日子變得有趣。」

——美國旅行作家／羅夫．帕茲

你呢？步行對你而言有何意義？又能帶給你什麼？可以幫助你感恩行動自由？防止你黏在沙發或椅子上？

我認同旅遊部落客羅夫．帕茲的看法，以步行當創意發想的確有無窮力量。我每次散步，一定會看到耐人尋味的事物，繼而帶給我靈感，讓我的人生更有趣味，而趣味橫生的生活才是快樂的人生。

你何時出門，歌頌自己的行動自由，用雙腳「親吻土地」？你何時去散步，創造更耐人尋味的人生？

你在下一章將發現，尋找樂趣不是無謂小事，反而可以幫你過得更充實，即使你眼下已經行程滿檔，應該說尤其行程滿檔，更要過得開心。

12. stop and smell the roses，俚語，引申為抽出時間、享受生活。

16 撥時間進行休閒娛樂

「只要拔掉插頭幾分鐘，所有電器都會運轉得更順暢，你也是。」

——美國作家和演說家／安．拉默特

我去哥斯大黎加參加轉型領導會議時，和艾文．米斯納與他的妻子貝絲共進早餐。艾文創立了「商界人脈」，那是全球頗具規模的國際商會。

當時我提到公司正在籌辦、進行的各種活動，艾文說，「莎曼，妳似乎行程滿檔，平時妳從事哪些休閒娛樂？」

我告訴他，「我同意史蒂芬．金的說法，他說，『我做的是最棒的工作，成天沉浸在想像世界還有錢拿。這就是我的工作，而且我覺得很有趣。』」

他頓了一下又說，「莎曼，妳這只是閃躲問題，請問妳做哪些事情**只是為了休閒放鬆？**」

我停了好一會兒，終於開口，「呃，我會去湖邊遛狗。」

他只是看著我，甚至什麼也不必說，我自己都知道這個答案有多糟糕。

不是只有我一人忙到沒有休閒娛樂。記者布莉姬．舒爾特在她的精采著作《不堪重負》中引用許多研究，人們都說他們「忙到沒時間投票、交公司以外的朋友、睡覺、吃午餐，甚至忙到沒時間做愛」。

我們為什麼虐待自己？別人問我們「最近好嗎？」，為何我們往往脫口說……「很忙。」

這會讓我們自我感覺良好？因為我們需要覺得自己有用、有效率、很重要？因為我們覺得對雇主、員工和顧客有責任？

也許以上皆是。但是還有其他原因，有些人害怕休閒娛樂，否則顯得自己太無聊、太放縱，似乎沒有其他「更重要」的事可做。

工作主宰你的人生嗎？

「在所有真正重要的事情當中，並不包括做更多。」

——美國知名作家／麥克．杜利

曾幾何時，我們認定工作結束才能進行休閒娛樂。但是對多數人而言，工作永遠做不完，所以沒時間玩樂。

有人說這是「清教徒或新教徒的職業道德」，廣義的定義就是相信人類的價值與多努力工作有關聯。企業家丹．帕洛塔在《哈佛商業評論》文章〈擔憂不是工作〉中指出，「我們……認為自己責任感的多寡……就看我們對自己有多嚴苛。」乍聽之下沒問題，其實深具毒性，因為這就表示我們的職業道德決定自己是否**掙到**休閒娛樂或過得快樂的權利。

讓你想到哪個親戚朋友嗎？

我只知道，無論是有意識或潛意識相信「工作是人生的聖杯，也是成功的秘訣」，都會影響我們的健康、人際關係和生活品質。

不止我一人有這個意見。有許多研究顯示長時間工作、回家加班的可怕威力，有人甚至全心投入工作，以致「百分之五十二的人沒請帶薪假」。這不是我胡謅，這是經過財經新聞頻道CNBC查核的統計數字。

著有《成功不再跌跌撞撞》的部落客艾瑞克．巴克在時代雜誌網站上訪問許多心理學家，那些筋疲力盡的患者，就是認定「自己工作越忙，在別人眼中就是越有能力、越聰明、越成功、越受到景仰，甚至羨慕」。

這種思維有何後果呢？著有《分心不是我的錯》的艾德．哈洛威爾博士指出，越來越多人抱怨長期注意力不足、缺乏條理、安排過多活動，許多人都去求診，懷疑自己有注意力不足過動症。他說，「有些有，但多數人都沒有，反而得了我所謂的嚴重現代生活症。」

如今我知道——亦即在我展開「一年水濱生活」之前——以前我有「現代生活」症，因為我似乎永遠沒有休閒娛樂的「餘裕」。

你做完所有工作，才休息放鬆嗎？

「千萬不要小看休閒娛樂的重要，我會在餘生每一天過得開心。你必須決定自己要當跳跳虎或驢子屹耳。」（一個熱愛歡樂，一個自怨自艾。）

——美國著名電腦資訊科學家／藍迪・鮑許

答案應該是什麼呢？找時間玩樂，不是只有孩子需要玩伴。釐清哪些事情能讓你歡笑、享受人生，在行事曆上空出時間。

有些工作狂可能已經是多年的習慣，為了幫助大家，我分享最愛的名言，點出享受人生有多重要。

從底下（或之前的段落）選一個，貼在每天都能看到的地方。下次你因為工作太忙，要推延約會、家庭假期、打電話給父母，就問自己，「長遠看來，哪件事情重要？」

下次因為「太忙」，取消去公園散步，或和朋友聽音樂會，就看看這句話，照常赴約，記得多年前有句話，「沒有人臨終還說，『真希望我花更多時間工作。』」下次你延後以後可能後悔沒做的開心事，請牢記這句話。

「人生苦短，不要用同樣的方法過兩天。」

——美國歌手／珍妮佛・羅培茲

「只要能一笑置之，就能坦然接受。」

——美國專欄作家／爾瑪・邦貝克

「知道如何玩耍，是開心的天賦。」

——美國思想家／瑞夫・華道・艾默生

「長日將盡時，如果能說今天很開心，那就是美好的一天。」

——美國競技體操選手／西蒙・拜爾斯

「失去休閒可要當心了，你可能會失去靈魂。」

——英國散文家／羅根・史密斯

「笑聲是兩人之間最短的距離。」

——喜劇泰斗／維特・褒吉

「要在最快的時間達到寬心的效果，請試試慢下來。」

——美國喜劇演員／莉莉．湯琳

「女人忘情進行自己的創意活動，最能重新找到自我。」

——美國作家、飛行員／安妮．莫羅．林白

「我告訴醫生我無法放鬆，他說，『逼自己做到。』」

——睿智人士／蘭．戴汀格

你要滿心歡喜接受哪些事情？

「重點就是你是否可以滿心歡喜，踏上冒險之路。」

——美國神話學家／約瑟夫．坎柏

我去夏威夷幫承包商辦講座時，有位女子起身說，「我們不包放假，只包商展。」其他人會心大笑，紛紛敘述親身經歷，許多人正值五、六十歲，事業蓬勃發展，還沒想到接班問題，也自覺責任重大，還不能退休。

大家腦力激盪，想出更有效率而不是更辛苦的工作方法，免得成為只埋首賺錢的悶蛋。我推薦幾個有用的資源，幫助與會者規劃時間和天分，以免全由自己一肩扛起；其中就包括創業家麥克．葛伯的《創業這條路》，他在一系列書中提出震撼人心的問題，「你是掌控自己創立的公司，還是被公司掌控？」

有位承包商站起來說，「我絕對是被公司掌控，而不是反過來，我以前都認為兩個兒子會接班，但他們沒興趣，老實說，我也不想他們承受這種壓力。」

我告訴他，「我在西南偏南多媒體藝術節碰到麥可．米卡洛維茲，他環遊世界，分享他的『衛生紙創業』策略，教導大家如何打造人生，而不只是創立企業。他告訴我，『許多人想創業，才能自己當老闆，結果事與願違，最後公司都成了他們的老闆。』」

我告訴與會者，「工作不該是焚膏繼晷的苦差事，如果我們沒時間從事令人精神百倍、促進健康的事情，一定是用錯方法。你們可以看看麥可的書，才不會成為他所謂的『做了賣，賣了又做』惡性循環的奴隸。」

你呢？你是主宰事業或由事業主宰？問題絕對有簡明答案，如果你沒時間休閒娛樂，如果你常常取消親友約會或放棄嗜好，就因為你「有工作要忙」，那麼事業就是你的頂頭上司了。

你上次的休閒娛樂是何時？

「人生成功的標準不在於物質……金錢或財物，絕對是你感受到多大的歡樂。」

——亞伯拉罕靈修團體創辦人／伊絲特．希克斯

一名三十多歲的科技人班告訴我，「我在矽谷上班，我們聊起多久沒放假，彷彿像聊起榮譽勳章。如果妳來逛逛這裡的公司，就會看到牆上到處貼著海報寫，『起床賣命囉』、『耐心也許可以釣大魚，但動作快才是王道』、『值得擁有的事物，都得來不易』、『當你悠閒休息時，週末加班的人就會狠狠打敗你』。」

「我相信這套賣命理論，最後女友甩了我。我放她太多次鴿子，她終於忍無可忍，我已經來不及挽回這段感情，卻也因此回頭檢視自己的行為。我本來打算努力工作，賺到理想中的『數目』，就可以停下腳步、享受甜美果實。我發現這只是踩著別人往上爬，而且一點也不值得。」

「有個朋友和我提到成人男女混合體育聯盟ZogSports，這個組織的座右銘就是『回到孩提時代的運動時光』。我小時候打過小聯盟，高中也是棒球校隊，但我已經許久未曾參加比賽，早就失去當年的球技，但我還能打壘球。我因此一週離開公司兩

次，而且很好玩，我們是男女混合隊伍，所以我也藉此認識到業界以外的人。誰曉得？也許我會交到新女友，真希望我多年前就重回球場。」

你呢？是不是打趣說，已經是「週三小週末」，或「謝天謝地，終於捱到週五」、「這星期漫長又難捱，而且今天才週二」，卻依舊積習難改，沒有積極作為？如果是，也許該重新想想「請假」這件事了。

別再把休閒娛樂當成減少工作時間

「如果希望事情改觀，也許答案就是你自己要先改變。」

——美國作家、牧師／諾曼·文生·皮爾

參加茂宜講座的承包商賴瑞問我，「『一年水濱生活』有哪些意想不到的事情？」我告訴他，「我沒想到有那麼多人做到死。那不只是我的觀察，姬莉安·懷特二〇一五年在《大西洋月刊》的文章指出，職場壓力是美國第五大死因。而且『工作相關的焦慮問題，每年都比阿茲海默症或糖尿病奪走更多生命。』」

賴瑞說，「我還以為只有我們這行這麼緊張，沒想到這個問題那麼大。」

「我親眼看到許多人過著將來必定後悔的生活，現代人不該拚命到六十五歲才退休、過幸福人生，那種觀念已經過時。」

「什麼意思？」

「我曾經在郵輪上演講。看到船上有那麼多喪夫的乘客很令人難過，她們的故事都大同小異。夫妻努力打拚存錢，就是希望退休後能攜手安養天年，可惜天不從人願。丈夫退休沒多久便過世，寡婦空有時間、財力，卻失去共搭郵輪的伴侶。她們的遺憾、悔不當初，更讓我看清人生不是先工作再休息，應該是兩者同時並進。」

賴瑞說，「莎曼，妳這是說得比唱得還好聽。我們這行得雇用很多人，員工和顧客都靠我們，總不能丟下一句，『我要離開一陣子，到處閒晃。』太不負責任了。」

「我懂，我不是建議你**無視**責任義務，只是建議你取得**平衡**。沒錯，你得對員工、客戶有交代，但也得對自己負責。每個禮拜挪出時間，讓自己過得更開心、更健康，對所有人都有好處，你這是告訴大家，**你很重要**，所以不能操勞到累死。」

「你也可以不相信我。科技、財經雜誌《Fast Company》的文章〈快樂員工的生產力高出百分之十二〉引用研究證明『工作開心時，更有效率、有創意，也更能發揮團隊精神』。這些文獻證明，休閒娛樂有意義，快樂的員工忠誠度更高，也更少請病假。開心不是無足輕重的小事，有其必要性。無論於公於私都要著重休閒，對勞工或雇主才是雙贏局面。」

賴瑞反駁，「理論上，我同意，但實際執行有困難。」

「所以我們才應該改變措辭。愛因斯坦說過，要解決問題，就要跳脫當初製造問題的思維，所以我們不能用以往的**措辭**解決今天的問題，只要我們認為休閒、放假是減少工作時間，就會認為這是常軌之外的例外。我們應該將休閒和度假當成生活的必要因素，而不是擱置的計畫，從事休閒娛樂不是減少工作時間，反而是好好過日子。你不是少做工作，而是促進自己的身心福祉。」

請立刻拿出行事曆，在這個月安排兩個「休閒日」，才不會犧牲自己的放假。開始想像去哪裡、約誰去，做哪些有趣的事情，你才會更熱切期盼。

一旦到了那天，你又因為工作打退堂鼓，請提醒自己，事情永遠做不完，永遠不可能趕上所有進度，放心去休息吧，你的身心靈都會感激不盡。

如果你自認為沒有餘裕放鬆休息，請三思。你稍後就會發現，我們因為人生過得充實而開心，不是因為賺得多，任何人都過得起有意義的日子。

17 有意義的富足

「真希望每個人都能名利雙收……就知道這不是人生萬靈丹。」

——喜劇天王／金．凱瑞

我上次去波德幫湯姆妻子佩蒂照顧孩子，因為他要去火星。呃，好吧，是位於猶他州的火星沙漠研究站……怎麼說也是地球上最接近火星的地方。

當時的小故事如下。

「火星學會」詢問湯姆，是否願意率領國際團隊到猶他沙漠的火星研究站，進行為期兩週的任務。問他願不願意？湯姆從小就讀以撒．艾西莫夫、雷．布萊伯利與班．波法的科幻小說、科學探險驚悚作品。這是他一生的夢想。

在幾個月的電話、電郵往返，安排相關事宜之後，湯姆終於要開車前往猶他州，但是能出差錯的每件事都出了問題。有個重要工作尚未完成，某個組員的航班延遲，另一位遺忘某個重要物件，湯姆慌張尋回。

他耗費幾小時解決最後關頭的危機，已經遲到，他只能抓了行李，草草親佩蒂臉頰、抱抱兩個孩子，就打算衝出家門。

我叫住他，「湯姆，先站住。」

他不耐煩地回頭看我，「幹嘛？」

「這一刻很重要。你想想，我在你八歲時問過，『你長大要當什麼？』你指著天空說，『跟上面有關的事。』」

「回想青少年時期，當時你很興奮可以去維吉尼亞理工學院學航太工程、天文學、數學、物理；而且大學團隊還贏得國際大獎，可以登陸火星。」

「現在你二十多歲，美國航太總署雇用你去詹森太空中心的任務控制組工作，可以與國際太空站合作。」

「你環顧四周，好好記得這一刻。你娶到心上人，有幸生下兩個健康又快樂的孩子，**你的夢想成真了**。」

湯姆照做，好好把身邊的景象看進心裡。你還記得《生活》雜誌那張著名的照片嗎？就是二次世界大戰結束後，有個海軍大兵在曼哈頓街頭親吻某名護士那幅？湯姆也有自己的版本，他一把攬住佩蒂，以深情的一吻慶祝。那就是有意義的富足。

夢想是否已經成真，你卻根本沒注意到？

「不是所有能數算的物品都重要，不是所有重要的東西都能數算。」

——天才物理學家／愛因斯坦

我為什麼分享湯姆的故事呢？因為愛因斯坦說得對，重要的東西無法數算，但我們能注意到、細細品味，銘記腦海。

許多人說他們不快樂，因為財務有狀況。他們說加薪、銀行存款增加、還完債務之後才開心得起來。除非能買更大的房子、更炫的車子、更好的衣服、更屌的玩具，他們才覺得幸福。

當然，錢很重要。有人得上網募資才能支付腦瘤手術費用，否則會有生命危險，她就能向你解釋。

有人失業、債臺高築，無論寄多少履歷都找不到工作；有些年輕人申請不到獎學金、學貸，付不出學費，以致無法上大學；你可以去問問他們。

錢的確重要，卻不是快樂的關鍵。而且不止我這麼想，研究顯示，人們要有一定的「數目」才會開心，這個數目是七萬五千美元。

這並非我瞎掰胡說。蓋洛普民意調查詢問一百六十四個國家的一百七十萬人，發現「年薪在六萬到七萬五美元之間的人最快樂」。令人意外的是，**薪水超過這個「門檻」，反而導致人生滿意度降低**。我再複述一次，因為這一點可能令許多人大感意外，**擁有更多錢不等於更快樂**。

金錢對你有什麼意義？

「錢不能買到愛。」

——披頭四樂團成員／保羅・麥卡尼

關於「金錢買不到幸福」有許多理論，心理學上有個名詞「享樂適應」，指出人類追求帶來快感的事物，如財富、地位、名望、物質，誤以為到手之後就能得到幸福。當我們終於達到目的，可能會開心一陣子，接著「快感就消失」，我們又開始追求「另一樣東西」，永遠不滿足。這種無休止境的循環就會導致「擁有的物質永遠不夠，永遠覺得自己不足」的空虛感。

也許你聽過樂透得主的詛咒，根據「美國國家財務教育基金」指出，「突然得到鉅富的人當中，有七成會在幾年之內全數花光。」

許多得主甚至表示，真希望沒發生過這件事。傑克．霍塔克是西維吉尼亞樂透獎得主，當年拿到三億一千五百萬美元，他說，「真希望當初撕掉那張彩券。」三千萬美元的樂透獎得主亞伯拉罕．莎士比亞說，「我要是破產會過得更好。」

二〇〇七年的紐約州樂透獎得主唐娜．米肯說，那筆橫財毀了她的人生，導致她耗盡情感。「多數人都以為中樂透是終極夢想，彷彿是彩虹彼端那甕神奇金幣。如果你問我，我會說樂透挾持了我的人生。」

這些樂透得主的抱怨惹惱某位參加講座的威爾，他說，「給我一張中獎彩券，我一定是例外，證明我們**可以**既有錢又快樂，有錢人才會覺得錢不重要。」

我告訴他，「我明白，你說得有道理，錢可以改善我們的生活品質，的確有快樂的富人。但我們也要了解，錢可以買到好日子，卻買不到美好的人生。」

「什麼意思？」

「多年前，我剛好有機會在『青年總裁協會』的國際場合演講。開場的主講人是聖母大學教授湯姆．莫里斯。他跳過客套的開場白，直接丟出問題：『過好日子是什麼意思？請大聲回答。』觀眾大叫，『賺大錢、出名、成功、旅遊、美食。』有人大叫：『巴里島。』臺下哄堂大笑。」

「他繼續說，『好，那什麼是美好人生？』答案立刻改變，『品格端正、有智慧、為下一個世代努力、擁有健康、中心思想、家庭。』

「湯姆在六十秒內就丟出引人深思的深奧概念，那就是過好日子和擁有美好人生之間的重要差異，所謂的美好人生就是希臘人的『eudaimonia』，亦即『人類的自我發展、自我實現以及品行端正』。」

你過的是美好人生還是好日子？

「金錢無法保證快樂，只能保證你有選擇。」

——美國喜劇演員／克里斯·洛克

你呢？**你**又怎麼回答？你如何分辨好日子和美好人生？

金錢在你的人生滿意度當中扮演什麼角色？你對目前持有、掙得、儲蓄、投資、給予的數字感到開心或不開心？如果開心，為什麼？如果不滿意，又為了什麼？你的「數字」是多少？要擁有你所追求的人生品質還需要多少錢？

撰寫這一章時，我在ESPN頻道看到前美式足球聯盟四分衛萊恩·李夫的紀錄片，大家可能還記得萊恩在大學時期和傳奇四分衛裴頓·曼寧搶奪一九九八年選秀的狀元頭銜，結果他成了榜眼，被聖地牙哥閃電隊以四年三千一百萬美元簽下，還附帶一千一百萬美元的簽約獎金，以前從未有新秀拿過如此高的簽約金。

可惜名與利並未帶來幸福。他濫用藥物、使用止痛藥成癮，導致他因為入室行竊入獄。他的牢友鼓勵他戒毒，並且與他人分享親身經歷。如今李夫在全美巡迴，到學校、機關單位講述他所學到的教訓。他在這段令人大開眼界的訪談最後提到，「我在美式足球聯盟一年賺五百萬美元，卻過得很痛苦，我剛開始在『超越勒戒所』上班時，時薪只有十五美元，**卻是我這輩子前所未有的開心時光。**」

看完紀錄片的隔天是復活節週日，我去南加州的莫羅灣海濱。三間知名餐廳外都是排隊人潮，大家都等得有點不耐煩。我信步走過時，無意間聽到，「怎麼會這麼久？早就超過我們訂位時間半小時了！」「貝特妮，別再抱怨，我快被妳逼瘋了。」沒有一個人面露喜悅之色，一個個都惱火、憤怒，否則就是互不理睬，沒有人開心。

幾百碼外有個可愛的水濱公園，遊樂場有個鯨魚尾巴溜滑梯。有幾家人已經攤開毯子、擺了一圈折疊椅。他們吃著牛肉、丟球給狗狗接、彈吉他、與小朋友玩投球遊戲、說故事。這些人輕鬆愜意，享受彼此的陪伴，似乎玩得很盡興。

我心想，「剛才餐廳那些人可能得花兩、三百美元吃大餐，結果一個個氣呼呼，這些人可能才花二、三十美元準備餐點，卻玩得這麼開心。一個是好日子，一個是美好人生，大家可以自己選。」

如同我的心理學家朋友黛安所言，「妳知道小朋友怎麼理解愛嗎？就看大人給多少時間。」這個週末，花點時間和你所愛的親友相處。過得開心，享受美好人生不必花錢。快樂不見得非花錢不可，花心思在你愛的人身上吧，全心全意注意他們，這就夠了。

是不是該改變你對金錢的看法了？

「我一生中最愛的事物不花一毛錢，顯然我們所有人最珍貴的資源就是時間。」

——蘋果公司創辦人／史提夫．賈伯斯

以前《華盛頓郵報》有個「人生苦短」的專欄，投稿的讀者可以用一百字以內的文字敘述人生故事。我最愛的那篇來自詹姆斯．柏霖格（照片裡的他看起來大概八十歲），他說，「儘管年紀老大，但我依然想辦法當個有用的人。」

「例如今天早晨，我發現鹽和胡椒放錯罐子。我便拿出兩張乾淨白紙，把鹽倒在一張上，胡椒倒在另一張，然後把紙捲成漏斗狀，分別倒進正確的罐子，一粒也沒撒出來。內人就在旁邊看。等我裝完後，她問，『你**為什麼不換蓋子就好**？』」

啊，是不是該改變你對金錢的看法了呢？

如果你認為擁有的財產不足以令你感到開心，能不能再想想？你能明白你尋找的幸福不需要花錢嗎？幸福此刻就唾手可得，只要你留心，不必花一毛錢。

是不是夢想已經成真，你卻不留意？

你是不是已經得到有意義的富足，在重要的層面不虞匱乏？

你是不是已經過著美好的人生？

你在下一章將發現，另一種有意義的富足，就是創造「可以提升所有相關人等的活動」，或結交志同道合的夥伴，得到支持、激發出最大潛能。

心法六

「結交」支持、鼓勵你的盟友

「只要得到合適人選的支持，凡事都有可能。」
——美國芭蕾舞劇團首席芭蕾舞者／米絲蒂·柯普蘭

心法六教導大家，如何結交支持志同道合的朋友，他們會支持你真正重視的事情、促進你達成目標、並且讓你嚐到更甜美的果實。你會發現，你在夢想的路上不必孤單獨行，也會知道，無論前往何處，都能邂逅知交，可以創造出一人天地，也能創辦一百人的組織。

18 公開推出新計畫

「當你身邊都是志同道合的人，凡事都有可能。」

——星巴克創辦人／霍華・舒茲

中央海岸作家協會邀我去當開場主講人，並招待我住在某家海濱飯店，演講前一天早上，我走到莫羅巖（幾哩外就能看到的五八一呎高的火山栓），默默預習演講內容。沿著海灣散步時，我發現有些人指著海口，好奇的我走過去。「怎麼了？」某名男子轉頭說。「『聖薩爾瓦多號』今天早上入港，這艘復刻船是處女航，應該隨時都會抵達。」

這些點點滴滴之間似乎有關聯，我每天早上都要聽柯林・海伊的歌曲，尤其是他的〈等待真正的人生〉，警示意味濃厚的歌詞提到等待船隻入港的危險。我小跑步過去，在海霧中尋找船隻的身影。我看到了，船從霧中緩緩出現，我意識到「**我的船剛來**」[13]時，忍不住大笑。

隔天演講時，我分享了這個小故事，最後說到「作家不會等船隻入港，他們邊寫邊開路到船邊」。會後有位女子來找我，「我的小叔就是『聖薩爾瓦多號』的船長，妳想認識他嗎？」

我想嗎？所以隔天我才會在船上的甲板下部訪問船長雷伊．艾許里，他告訴我，「我們的第一個難關是成本。聖地牙哥海事博物館估計造價是六百二十萬美元，但是他們的年度總預算也只有四百六十萬美元，所以帳面上看來根本行不通，幸好相關單位都相信我們，也批准通過，多虧他們的支持，我們做出關鍵決策，就是**公開**造船，而不是**私下**進行，也才造就我們的成功。」

「怎麼說？」

「我們在機場旁邊流量頗大的高速公路邊造船，才開工幾週，已經有五十人自願幫忙，從普通人到技藝精湛的木工、造船工、建築師等都有。」

「他們幫助我們度過一個又一個難關。起初，因為只有白橡的密度夠大可以造船，我們蒐購全世界的白橡，再花幾個月磨製船身，當我們塗環氧樹脂做防水處理時，木材開始捲曲、腐爛，因為樹脂不夠純淨。有個志工建議：『你應該打給我認識的這個人，他是常綠橡樹專家。』果然，常綠橡樹也可以，賣家也有足夠的存量。

13. 這是〈等待真正的人生〉的歌詞。

「後來要將鉛嵌進船身壓艙，但是鉛材價錢狂飆，我們無法負擔。有義工提出『捐鉛計畫』，大家開始捐出家裡的釣魚環墜、滾珠軸承等，我們很感激民眾幫忙，但是量實在太小，無法積沙成塔。義工又再次伸出援手，有人建議我們聯絡他認識的承包商。我們找到對方，他聽到我們說明的隔天就打來，『你們需要多少鉛？』」

「『十八萬磅。』」

「對方笑著說，『我這裡有十九萬磅，你們全拿去吧。』」

雷伊看著我，「這種事情無法杜撰。但那就是打造船隻時，『要不是真發生過，絕對沒有人相信』的事蹟，妳知道哪一點更不可思議嗎？即使造船的時間比預估長三倍，實際花費只比預算超過一點點，這完完全全要歸功於出力的義工。」

1＋1＝11

「趕不上的時候，就靠人脈。」

——身心健康管理專家／瑪麗・羅凡蒂

這就是當眾展開「就是現在」計畫時，我們便創造浪潮、建立1＋1＝11的關係。人們會運用重重人脈，消除障礙、解決問題、達成目標；投入各自的專業、活力、盟友，提升每個參與者的體驗品質。

我在莫羅灣的「聖薩爾瓦多號」訪問雷伊船長時，等待參觀的人排了一列又一列。雷伊說，「我們讓捐款人和義工將名字縮寫打在龍骨上，看到他們指著自己製作、贊助的部分說：『那是我做的！』我就覺得很有成就感，人們能參與，可以找到他們幫忙製作的部分，覺得很自豪。」

我訪問雷伊之後，忍不住沉思，就許多層面而言，「聖薩爾瓦多號」工程就象徵我的「一年水濱生活」。

我也在「數字」不足時就展開計畫，我的花費不能超出預算，只能相信到時就會找到足夠的經費。我也是當眾開工，也體驗到來自四面八方的支持，例如「我在雷斯岬國家海岸公園有個小木屋」、「到尼加拉大瀑布就來找我」。我身邊的朋友也慷慨分享人脈，幫助我節省經費，也讓我的旅程更具意義、更成功。

你專心審視的是恐懼那欄，還是信念那欄？

「不要訴諸恐懼，要求助於希望和夢想。不要惦記著挫折，要想著你那尚未實現的潛力。」

——教宗／聖若望二十三世

你呢？你想展開的「就是今天，不要有一天」的夢想是什麼？如果你躊躇不前，填寫恐懼／信心表格可以幫助你看清自己只想著哪邊，因為這會關係到你決定「謹慎不冒險」或「儘管去做」。

先在左邊的「恐懼」欄填寫你的疑慮或憂心的問題，也許這個計畫的花費超出預算；也許你霧裡看花，覺得不踏實；也許另一半不支持，請老實寫下你的恐懼。

接著填寫右側，專心想想你為何認為這個計畫值得執行，寫下你思前想後，終於決定押寶在自己身上有什麼意義。寫下你可以如何上網查資料，邊做邊學習。寫下你要如何公開進行這個計畫，找到志同道合的友伴，創造「利於出海的漲潮」。

信念＿＿＿＿＿＿

恐懼＿＿＿＿＿＿

現在好好看看這兩欄，如果你只掛念著左邊那欄，你的船永遠會停在船塢。如果你看看右邊那欄，專心想著各種可能的好處，就能得到信心和勇氣，推動你的創見。

當你開始推動夢想計畫，一定要公告親友，在網路上分享你的夢想，尋求點子。尋求協助至關緊要，有些計畫起初看來可能令人卻步或「不實際」，如今卻行得通，因為你不再是獨自埋首苦幹，不是用盡自己的資源。夥伴將盡力幫助你推動計畫，因為他們也希望你成功。

這不就是我們的夢想？不僅希望能眼神熱切地創造出豐富的人生，還希望可以和關心同樣議題的夥伴共同分享。

尋求協助，並且大方接受

「有時接受幫忙，比提供協助更困難。」

——《星際大戰：複製人之戰》

某位行銷主管J．C．桑柏林的故事也告訴我們，尋求協助並且接受會有什麼影響。當時J．C．即將滿五十歲，他想做件特別的事情，心想，「有了，我要創下某個世界紀錄。」

「什麼？」你可能會這麼問，但那就是J．C．的風格。他曾是美國頂尖單車手和划船手，便開始研究他也許可以打破哪個紀錄，後來認定他也許有機會刷新他的年齡組在一小時內騎單車的距離。他公告親友，也在臉書上宣布，並且選定開始和預計達標日期。

他一放出風聲，各式各樣的人紛紛出面，有人說，「我有個同事是前奧運教練，我把他的聯絡方法給你」，另一人說，「我認識南加州的自行車賽道場地業者」，又有人說，「怎麼不試試睡在高壓艙？可以提高血中含氧濃度，我知道可以去哪裡找」，又有人說，「我是影片創作人，我想拍你的紀錄片。」

請注意，這些人不只為他打氣，還提供各式資源、提高計畫成功機率。他們也貢獻各自的專業、人脈，他不再是為自己追求夢想，整隊人馬都等著見證。

想知道後來的故事發展嗎？J．C．的確以刷新紀錄為目標，他每天兩次密集訓練、注重營養、全心投入，一年後的確租用場地，騎了幾圈之後，他知道自己不可能破紀錄，每個運動員都知道，有時候狀況奇佳，有時候則不太妙，後來J．C．說，「那天就是後者。」

他必須做決定，要放棄嗎？不，J．C．繼續盡力發揮，即使他知道沒辦法刷新紀錄，這就是鬥士的精神。

J．C．表示，「我不僅一點都不後悔我設定刷新紀錄的目標，那也是我這生最有成就感的體驗，我認識了許多其他場合都不可能認識的人，努力發揮極限，此生也將永遠以此為傲，我還鍛鍊出前所未有的好體格，這也算是慶祝五十歲的好方法。」

J．C．的故事最令我欣賞的一點，就是證明我們即使沒實現原來的夢想，追夢過程也是一種成功。

計畫要讓人看得到，成功機率更高

「如果大家一起進步，成功自然手到擒來。」

——福特汽車公司創辦人／亨利・福特

還想知道另一個提高「就是今天，不要有一天」計畫的**成功**機率嗎？要讓人**看**到。某次寫作營時，有個與會者茱莉舉手說，「我很欣賞這週的每分每秒。外子是機師，這就是他所謂的『非實機飛行經驗』，可惜我知道回家之後的發展，到時又得面對日常生活。兩週後，我的寫書計畫又會被我束之高閣，所有熱誠都會煙消雲散，請問有沒有任何建議，可以讓我們繼續燃燒寫作夢想？」

我告訴她，「打草稿畫出你的書封，然後貼在每天都能看到的地方，打去家裡附近的書店，問問他們有沒有作家互助團體，如果有，就加入。妳自己說過，志同道合的作家相聚時光、這種『試飛經驗』無可取代。」

茱莉幾週後回報，「莎曼，我遵照妳的建議公開計畫，而不是自己悶著做。我在臉書上加入私人的作家團體，大家會上傳幾頁，互相賜教。但是給我最大動力的還是冰箱上那張書封的草稿，每次看到就想繼續寫，反而不會放棄。」

有個舉辦夢想板聚會[14]的朋友說，「莎曼，希望妳能建議大家一起舉辦夢想板聚會。參加過我舉辦的活動的每個人，都說當時覺得不可思議的夢想能實現，感覺非常超現實。」

這不僅是我朋友的經驗，記者艾琳．齊默曼在二〇一六年的《富比世》雜誌引用多倫多道明銀行的調查，「如果你嘲笑別人製做夢想板想像將來的成功，看過多倫多道明銀行的調查報告結果，恐怕就笑不出來。他們發現，『一開始就做夢想板的小本生意經營者中，有百分之八十二的人達成當初板子上的一半目標。』這對千禧世代更是千真萬確，因為他們在網路世界長大，從小就在臉書、IG、YouTube上用數位影像紀錄生活故事。」

想提高實現夢想的可能性嗎？辦個「就是今天，不要有一天」的夢想板聚會，邀請朋友過來。先去圖書館要過期的免費雜誌（或是廉價買進），給每人發下一疊雜誌、一張海報板、膠水和剪刀。放些輕快的音樂，開始進行歡樂手作吧。

做完之後不要收起夢想板，因為沒看到就不會想到，貼在常看到的地方，才能在接下來的幾個月，天天加強想望的念頭。臉書營運長雪洛．桑德伯格說，「夢想要做得長，計畫要做得短。」越多人知道你的願景，越公諸於顯眼處，無論就短期、長期看來，你的夢想和計畫越有可能成真。

14. vision board，基本上是把想要的東西圖樣化，找到代表想要的東西的圖案，剪下來貼在海報紙上，然後貼在每天看得到的地方。旨在作為靈感和動機的來源，並使用吸引力法則來實現目標。

19 創造一人天地

「我們唯一浪費的時間，就是我們想著自己有多孤獨的時光。」

——《最後十四堂星期二的課》作者／米奇・艾爾邦

我得做決定，我坐在路口，可以上交流道走十號公路，或是繼續走這條鄉間道路，當時我正要第三度從休士頓開到加州，我當場發誓，「我不要再穿過厄爾巴索，也絕對不要再開十號公路了。」當我選擇藍色高速道路，而不是州際公路，我就知道我選對了。每碰到一個十字路口，我就往**西**走。

在我想像中的德州又熱又乾又荒蕪，但是當時我在春天經過丘陵地區，眼前竟然一片生機盎然、五彩繽紛。那是我在一天當中最愛的時段，就是陽光灑遍大地的日落時分，和風徐徐，空氣閃閃發亮。

我開上一座小山，四面八方都是金黃色大地，筆直延伸到地平線，猶如一場絕美視覺饗宴，我頓時……肅然起敬，便將車子停到路邊，關掉引擎。唯一的聲音是微風吹得附近一棵樹沙沙響，除此之外，周遭悄然無聲。我完全沉浸在當下，感到無比幸福，與天地融為一體，心有靈犀。

心有靈犀？我怎麼會覺得心有靈犀？旁邊一個人也沒有。要說我從「一年水濱生活」學到任何事，就是萬事萬物都能令人心領神會。我覺得與那個地方投緣，體會到那片刻的燦爛，領受到這種無與倫比的經驗銘刻在心，我有多感恩，許多人都有同感！

你從來不覺得孤單嗎？

「唯有獨處時，我才能找到自己的核心價值。」

——美國作家、飛行員／安妮．莫羅．林白

你是不是認為，「真的嗎？獨處時從不覺得孤單嗎？」那是「一年水濱生活」最常被問到的問題。

我的答案永遠是響亮的「不會」。我從不覺得孤單，我覺得……與天地融為一體。即使親友不在身邊，我也覺得他們的精神與我同在。我感受到陽光的溫暖、和風的輕拂，覺得自己能活著、能自由行動、能得到這種體驗有多幸運。

也許你會懷疑，我獨自開車橫越美國會不會無聊。

同樣地，我還是斷然回答，「**不會**」。

我一連開車好幾小時（或好幾天），也從來不覺得悶，因為我會聽有聲書或播客，例如喬納森．菲爾德的《好好生活計畫》、蓋依．雷茲在美國公共廣播電臺的《我的創業歷程》、艾胥黎．范思的電子書《鋼鐵人馬斯克》或米絲蒂．柯普蘭的《逐夢黑天鵝》。

對我而言，這個計畫兼具所有優點。我既可以探索新地點，又能在心靈上有所成長。新地方、新點子，我得投入心思又能大飽眼福，這是無上的幸福啊。

萬事萬物都那麼清明透徹，如果我覺得孤單或無聊，表示我根本沒集中心緒。

只要留心，我們從不孤單

「我們需要友伴，也需要獨處。這就好比我們需要夏天和冬季，需要白晝與黑夜，需要運動與休息。」

——英國藝術家／菲利浦．吉伯特．哈曼

你是不是心想，「慢著，上一章才討論社群的優點，而且這個心法是『結交』，妳卻高談闊論說什麼妳寧可獨處？」

答案就是「不是隨時，只是有時候」。

許多人獨處的時間都不夠多。我們在城市上班，身邊都是人；住的是公寓，鄰居就在咫尺之外；通勤開的是高速公路，前後左右都是車；無論是在餐廳用餐、去加油、買雜貨、逛街購物、看電影、辦雜事，到處都是滿滿的人潮。

對許多人而言，擁有「空間」是異常，是奢侈。

例如我開在無人的鄉間道路上，聽著葛洛莉亞．史坦能[15]的《我的流浪人生》。葛洛莉亞和維吉妮亞．吳爾芙[16]有同感，都認為「每個女人都需要自己的房間」。我想到，「我有自己的路」，便開始大笑。

在我看來，寬敞的道路是自由的精髓。沒有董事會，沒有繁文縟節，沒有人告訴我什麼可以、什麼不能。只有一條空曠的道路，提供無限可能。

我之所以如此享受，有個原因就是這種生活與我的日常完全相反。多年來，我的行事曆都是各種活動、邀約。我不是在會議中演講，就是去開會。即使在家，我也和客戶通話，隨時都得和人互動，即便我「獨自」在家。

享受獨處也不代表你孤僻

「終於發現，獨處是那麼不寂寞，好個令人開心的驚喜。」

——美國演員／艾倫・鮑絲汀

旅行途中碰到某些人，他們完全不能理解我為何不寂寞。燒烤小管的櫃檯員工聽說我獨自橫跨美國旅行，說，「真假？妳不會希望有人能跟妳分享嗎？」

「不會，我就喜歡這樣，每分每秒都很享受。」

他說，「我沒辦法。如果身邊沒有人，我會覺得……空虛。」

我沉思獨處為何能帶來「充實」感，而不是「空虛」，就會想到以前去華盛頓特區的林肯故居。

當天我整天都在培訓某個創業家組織的各國顧問，他們安排在這個古蹟景點辦私人餐會。當年林肯騎馬離開壓力重重的白宮，在此處寫下「解放奴隸宣言」。

我比其他人早到一小時，現場只有外燴人員，因此我等於是包場。我一進去觀

15. Gloria Steinem（一九三四——），作家、一九六〇年代後期和七〇年代婦女解放運動的代表人物。
16. Virginia Woolf（一八八二——一九四一），英國作家，女性主義先鋒。

察到的第一點，就是屋裡很「簡樸」，每個房間都只有幾件家具。可能是一張桌子、一張椅子、一張餐桌、牆上一幅畫。我環顧空蕩蕩的四周時，牆壁似乎對我低語，**「這樣才有空間思考。」**

我馬上了然於心。林肯來**這裡**就是與自己的思緒獨處，他在**這裡**才能遠離「塵囂」，找到獨處時光，草擬改變美國命運的偉大文獻。我不認為林肯在這裡工作時會感到孤單，他應該開心自己有機會，沉浸在迫切需要的孤獨狀態。

林肯並不孤僻，只是喜歡獨處，也許這只是我投射自己的心態，但我相信林肯了解，他需要在獨處和社交之間找到平衡，也扛起這個任務。

許多發明家和藝術家都說到他們需要獨處，那也是他們創作出最佳作品的時刻。他們獨自一人，才不會分心受到打擾，也因此才能深入探索，展望創見或找到突破性的解決方案，他們不認為獨處是落單、寂寞，而是創作之必要。

但在今時今日的忙碌社會，少有人有時間、空間可以沉思、創作，所以就覺得生活「太熱鬧」，似乎不是自己的人生。

你渴望獨處嗎？

「我必須常常獨處，才能重新打起精神。」

——美國與英國知名演員／奧黛麗・赫本

你呢？你身邊永遠都是人嗎？你覺得「太熱鬧」嗎？渴望有個房間、有條路，有自己的空間嗎？

有個撫養三名幼童的母親告訴我，「我甚至連上個廁所，都會有孩子敲門要找我。我去採買雜貨，將孩子托給丈夫時，回程時偶爾會停在公園偷打盹，或是**放空**。」

如果要你獨處，你會怎麼做呢？不是要你疏遠他人，但獨處對身、心健康都很重要。如同奧黛麗・赫本所說，我們需要在心裡留一塊地方，躲避日常生活的壓力，重新打起精神。

我要告誡什麼呢？許多忙碌的人都說，他們渴望獨處，卻又害怕落單。娜塔莉・懷赫在科學期刊發表「人們寧可遭到電擊，也不願意與自己的思緒獨處」。她分享維吉尼亞大學的學術研究，受試者寧可自願遭到電擊，也不肯單獨坐在空房「放空」。

你是屬於哪一種？渴望或逃避寧靜？

與萬物融合

「在空曠的海灘與夕陽約會，才是欣然接受自己的獨處時光。」

——法國女演員／珍妮・摩露

樂手馬克無論去哪裡，都被眾人當成派對咖，他告訴我，「每個人都以為我很外向，因為我是公眾人物。我的確很有精神，在人群裡可以火力全開，但是如果熱鬧過後沒花時間獨處，我會瘋掉。」

不只有他這麼想，有些人既外向又內向，甚至還有一個專有名詞，**綜向性格**。「一年水濱生活」如此令我心滿意足，這也是原因，因為我可以不斷練習綜向性格。我不是隨時與人交流，也不是永遠都一人獨處，這個計畫在兩者之間取得完美平衡。如果我連續獨來獨往好幾天，想找人陪伴，只要問問鄰桌，「請問你會建議我去附近哪些景點？」

和陌生人交朋友，最快的方法就是請教對方的建議。《富比世》雜誌發行人邁爾康・富比世說過，「要抓住男人的心，就是詢問他的意見。」要博取一個人的友情，就是請教他們的建議，好比詢問「請問你會建議……」，就是跳過膚淺寒暄和瑣碎閒聊的最快方法。

我在某次的「就是今天沙龍」中提到，和旅途中認識的陌生人交朋友有多容易，有一人不以為然。他說，「莎曼，妳說得輕鬆，可是我很害羞，根本沒辦法和陌生人攀談。」

我告訴他，「你做得到，我們給自己貼上『害羞』的標籤，藉口不接近人群。多數人和陌生人交談的頭幾分鐘都不太自在，即使名人都承認，剛走進滿屋的陌生人當中，也會覺得緊張焦慮。關鍵就是別讓一個標籤，阻止你享受充實的快樂人生。」

「怎麼做？妳如何克服害羞？」

「就照我兒子安德魯的做法。我們從茂宜搬回美國本土時，他發現自己有機會改頭換面。新學校沒有人認得他，他想呈現什麼形象都沒問題。他下定決心不要自認害羞或不擅社交，他要當個可以和女生交談的孩子。」

「這麼容易就克服緊張問題？」

「他還是覺得不安，但是他知道女生也喜歡男生來找她們聊天，只是男孩子只敢站在旁邊，都不敢過去，因為他們不知道要說什麼，也不希望別人覺得他們蠢頭蠢腦。總得有人打破僵局，他認為不如就由他出面，安德魯克服緊張情緒，越來越擅長開啟話題。如今他到谷歌、薩波斯（Zappos）、萬事達卡演講，教導人們所謂的

『社交化境』（social flow）。他說，『一個微笑加上一個好問題，就能交到一個新朋友。』」

也許作家伊莉莎白・吉兒伯特的話可以引起共鳴，「我比人們想像中更孤僻，但我可能是最愛交際、最擅長社交的獨行俠。原因就是我喜歡聽別人的故事。」

你呢？你會說自己是內向、外向或綜向呢？你和安德魯一樣，說自己害羞，現在卻能克服緊張，提出好問題嗎？你和伊莉莎白一樣，享受獨處生活，但對別人感到好奇時，也知道自己隨時隨地都能與人交流嗎？

無論你的答案是什麼，都要知道自己在「獨處／社交量尺」上的位置。沒錯，就像「為人／為己量尺」，與其在腦中焦慮、害怕，不如把問題具體化。

記得第十二章提到的莉嗎？她連續十二天晚上出門，最後累壞自己，後來她設定界限，明確設定能忍受的天數，以免舊事重演。

記得那個三名幼子的母親嗎？她採買雜貨回程繞去公園打盹？她不必覺得愧疚，反而是負起責任，為自己找時間獨處。

如果不知道有哪些方法可以扛起這個責任，不知道如何發揮創意，為自己找時間、空間獨處，那麼在第二十三章，可以學到詩人威廉・默溫的做法。

心法七

「結合」興趣和工作

「為了你不在乎的事情辛苦工作，謂之壓力。
為了你熱愛的事物付出努力，謂之熱情。」
——美國管理大師／賽門・辛奈克

我們在前幾章討論過，有些人的熱情與工作壁壘分明，但是第七個方法要告訴大家，如何結合熱情與工作，兩者並不是涇渭分明。你也會發現，如何創造事業第二春，做自己擅長的事情，又能以此維生，同時兼顧工作與熱情。

20 結合工作與休閒娛樂

「世界的需要與你的天賦在何處交會，何處就是你的職業所在。」

——希臘哲學家／亞里斯多德

我的網球球友兼地產仲介凱西告訴我，「莎曼，我不能再打網球了。最近景氣很差，我得開始拚命拓展事業了。」我告訴她，「凱西，這條街上有兩間豪華飯店，妳怎麼不去找服務臺人員，說妳是4.5級的網球好手，如果有房客想找球友，妳願意陪他們打球。妳在商會很活躍，又是本地居民，他們可以信任妳人品沒問題，又能尊重飯店房客，對大家都有好處。」

凱西聽從我的建議，一個月後，她又恢復一週打兩次的頻率，只是球友變成潛在客戶。她不會貿然推銷，但是打完球之後，房客自然會聊到她的工作，得知她是房地產仲介，往往會詢問是否有好物件要出售，她自然就能繼續往下聊。

凱西的故事之所以令人激賞，是因為打網球不是剝奪她工作時間的玩樂休閒，反而是拓展新客戶的方法，這些房客能入住五星級飯店，代表他們有足夠收入負擔附近的房地產，與其在辦公室亂槍打鳥地拓展客群，或花大錢買廣告，凱西不但能持續熱愛的運動健身，球友還能成為朋友、客戶，一舉兩得。

借助你的熱情

「能付出熱情，又對世界有所貢獻，實屬難能可貴。」

——臉書營運長／雪洛．桑德伯格

你呢？覺得工作是工作，休閒是休閒嗎？非得如此壁壘分明嗎？

我之所以提起這個話題，是因為許多人都認為我的「一年水濱生活」是度假，我都回答的確是假期，是**帶工**放假。

我為何要特別點出這個差別？因為退休概念在今時今日已經不同以往，「等到」六十五歲以上才做想做的事情，實在太荒謬。我明白以前之所以有這種思維，是因為我們要努力存錢，領到社會福利津貼，才有預算過「長青」歲月。

問題是等到我們退休，已經沒有精力或餘裕，實現我們等了**幾十年**的願望。這本書開宗明義就提到家父，他不斷延後逛遍美國國家公園的夢想，我在旅行途中，聽過各式各樣類似的故事。

這本書寫到尾聲時，我借住俯瞰太平洋的朋友家中，陰雨綿綿兩天之後，太陽才露臉。那就是提醒我該離開書桌，出去活動筋骨，我散步穿過州立懸崖海灘公園營區，兩名女子從休旅車中探頭問我，「可以麻煩妳幫我們拍照嗎？」

「沒問題，但我想聽聽妳們的故事。」

原來席莉亞和裘恩是好友兼鄰居，席莉亞前一天看了裘恩一眼，馬上說，「該休息了。」

裘恩回絕，「妳兒子下週就要慶祝生日，妳還有好多事情要準備。」

席莉亞堅持，甚至還穿著運動衣寫著：「**然而她堅持不懈**。」她說，「如果現在不出發，就得等好幾個月才能出門。」

總之她們最後告訴家人週日回家，就帥氣前往海邊。我問，「為什麼妳清楚知道，不要等到比較不忙再休息？」

席莉亞回答，「我是保險經紀人。有個客戶等到快七十歲才退休，買下他夢寐以求的Winnebago露營車。他開到我的公司秀給我看，我才能把車子歸到他保險帳戶。結果他停車、下車就花了二十分鐘，因為他行動不太方便。他進辦公室時用力摔門，一屁股重重坐下，『我他媽等太久了，現在已經老到無法享受。』我永遠忘不了這件事。」

裘恩也插話，「我們帶孩子到處玩，去了夏威夷、迪士尼、大峽谷。」又半開玩笑地說，「我們想和他們一起創造回憶，免得他們大了不想跟我們出門。」

我詢問是否能分享這個故事，因為她們證明了為何不該等待，也許遲了就再也來不及。

你呢？改掉工作狂的習慣還不晚，那位等太久才買露營車的老先生所學到的教訓，我們要引以為鑑，你不需要買露營車，也不必**減少**工作時間。現在有很多方法可以**結合**興趣與工作……不必等到有一天。

你可以結合愛好和職業嗎？

「我在六十五歲才寫出暢銷書，頗令世人震驚，無論你活多久，都有故事可說。除了跳上靈魂的寬輪篷車出發之外，還能做些什麼呢？」

——美國教師、作家／法蘭克・麥考特

我很愛作家法蘭克・麥考特的這句話，他的故事鼓舞我們「茂宜作家協會」。法蘭克教了大半輩子的高中英文，這份工作讓他養家活口，也有機會與學生分享他對語言的熱情。工作之餘，他就埋首寫回憶錄《安琪拉的灰燼》，後來這本著作榮獲普立茲獎。法蘭克讓我們看到，愛好和職業不一定互不相容，我們可以搭上靈魂的篷車，兩者並行。

想聽聽另一個結合愛好和工作的例子嗎？全美互助保險公司請我去開工作坊，教導員工如何積極經營成功事業。活動結束後，攝影師向我走來，「妳剛剛說的就是**我**。」

「怎麼說？」

「我在這家公司的電腦部門服務了好幾年，大概到兩年前，我還是安分地做完分內事，但僅止於此。我朝九晚五，不太與人來往，後來有個同事發現我下班玩攝影，問我是否願意幫『婦女網路』辦的時裝秀拍照。他們很滿意作品，我的口碑也傳出去，後來不同部門的人紛紛請我幫忙拍餐會活動等，我也因此成了『領袖系列』的攝影師。」

「看來這裡成了你的『歡樂酒店』，大家都知道你的名字[17]。」

「後來我每天都期待來上班，因為每個禮拜都會有不同的任務。」

這又是另一個嗜好與工作結合的例子，而且對所有人都有好處。

你喜歡做什麼？看書？要不要幫同事辦讀書會？喜歡當義工？也許你可以組織團隊，清理附近公園或遊樂場？想恢復青春體型？也許可以在午休時間辦個健走社團？

如何讓工作更充實?

「哦,你痛恨你的工作?有這類型的互助團體喔,名字就是『每個人』,而且開會地點就在酒吧。」

——美國喜劇演員、主持人/德魯.凱利

你是不是心想,「莎曼,我已經在公司待上四十小時。為什麼還要花時間、力氣,額外提供免費勞力?」很高興你提出這一點。撰寫這本書時,我聽到幾個令人沮喪的故事,發現某些研究指出人們工作時有多不開心。

關於人們痛恨自己工作的「笑話」和網路貼文有千百個,從「抱歉遲到了,因為我坐在停車場,不想進公司」到「我還沒上床,就已經開始期待明天下班回家了」。

這有什麼意義?我們花費三分之一以上的時間工作,對三分之一以上的人生感到不開心,可不是什麼笑話,我們不能默默接受工作很糟,或是暗自希望……哪天就

17. Cheers,美國一九八二至九三年的影集,主題曲中有句歌詞就是「大家都知道你的名字」。

會好轉，希望並非具體策略。

我們應該扛起責任，讓工作變得更充實，這不是遙不可及的夢想。我有個家族朋友是夏威夷希肯空軍基地的上校，他因為擅長高爾夫球，剛好可以陪來訪的權貴打球，麥克「真正的工作」是維安部門，但他是零差點球員的名聲遠播。當時其他國家的政治人物常到夏威夷參加環太平洋會議，其中某些人公餘喜歡到希肯或斯特菲爾得兵營揮桿，他們想找通過安檢的好球員，麥克自然雀屏中選，他因此得到前所未有的經驗，這都要歸功於他開球遠、短桿打得漂亮。

你呢？你是優異運動員嗎？重要客戶可能喜歡和他們能信任的運動員一起揮汗。我這是自己的經驗談。我有幸和傳奇網球員羅德．拉沃在他的希爾頓黑德島球場共事，我雖然不是職業選手，但球技還可以。因此我有機會和前往當地度假的名人打球。後來有人找我去華盛頓特區開設球拍類運動的鄉村俱樂部，我在那裡認識各行各業的菁英，也有機會去白宮打球。如果沒辦法把球打過網，我就無法得到這些寶貴經驗。

如果你心想，「我不會任何運動，也沒有攝影這類特殊技能可以讓我愛上工作。」如果你希望找到靈感，請上「安可組織」[18]看看「最有意義人生獎」的故事。你會發現「一般人」以各式各樣的創新方法，打造積極影響社會的企業。

創造更有意義的工作

「旅程能有終點固然好，但是到頭來，旅程本身才是至關緊要。」

——美國奇幻小說大師／娥蘇拉．勒瑰恩

你希望工作像娛樂，娛樂又能當工作嗎？

別忘了娜塔莉．高柏說的話，「作家活兩回。」我認為文字工作者和藝術家可以活三回，我們體驗當下的某種感受，寫出來、畫出來、拍下來時又體驗一次。與人分享，聽到我們的作品如何影響他們，又有第三回合的感受。

上網分享作品不一定得是專業人員，你可以上傳旅遊照片至臉書，在領英網站發表經營洞見、在ＩＧ上展示美術作品，或在YouTube上分享烹飪影片。

如果你去耐人尋味的地方、邂逅了耐人尋味的人物、做了耐人尋味的事情，人們可能有興趣了解。我將在下一章分享你能因此賺錢的具體做法。眼前的問題是，你的愛好是什麼？人生宗旨是什麼？如何結合兩者成為有意義的工作，好讓你享受人生旅程？

18. Encore.org，美國規模最大的社會企業，旨在透過媒合平臺，帶領熟齡族群重新進入就業市場。

你有一個不斷呼喚你的目標嗎？

「我不認為工作與娛樂有所不同，我只是生活。」

——英國維珍集團董事長／理查・布蘭森

先前討論過如何結合熱情與工作，才能藉由事業提升生活品質。現在就做有意義的工作，別再拖延推遲，想知道另一個方法嗎？想想有沒有什麼目標不斷呼喚你，有沒有哪個議題需要提出，有沒有什麼問題需要解決。投注心力可以讓你的生活更充實，也能幫你創造萬古流芳的功績。

也許你認為，「我還年輕，不必想到什麼流傳後人的問題，那不是臨終才要想到的問題嗎？」

不是喔。萬古流芳其實就是好好過日子，給他人留下正面、積極的影響。任何年紀都辦得到，林心瑜就是一例。

我去羅德島參加年度創新會議ＢＩＦ，主講人有「薩波斯」的執行長謝家華等人，都是一些解決國際性急迫問題的思想家。

然而昂首上臺，等到全室鴉雀無聲才開口的人，才最令我印象深刻。她微微向聽眾欠身，眼神晶亮地說，「我知道你們想什麼，『一個十三歲小鬼要教我什麼創意？』」

聽眾大笑（她看穿大家的心思！），她說起她的故事，她和七年級同學因為校外教學去了普羅維敦斯的下水道，領隊說下水道積滿脂肪、廢油和油脂，總有一天會出問題。林心瑜心想，「應該有人想想辦法。」繼而轉念，「也可以是我啊，我來想辦法。」

她因此創立TGIF（「謝天謝地，是燃料」），每到週六就和同學到附近餐廳、工業園區收集廢油，然後送到處理廠提煉為燃料，收入便轉贈給寒冬買不起燃料的貧困家庭。

林心瑜並未等到年紀老大才造福世界，她的人生現在就有了意義和目的。她並未等著時間或別人出現，起初雖然寄望有人改革，後來親自動手。

環顧四周，想想哪些事情「不對勁」，你認為「日後應該有人出面想想辦法」。別忘了，你也是這個世界的一分子，也許你就有辦法。

英國知名作家C．S．路易斯說，「你無法回去改寫開頭，但你可以從現狀開始改變結局。」別再等待別具意義的工作找上門，不如主動上前迎接？你要如何結合使命和工作，繼而改變世界，改變你的人生？這週要從哪個地方開始改變，讓你的工作更有樂趣？

21

不要等著你愛的工作出現，自己創造吧

「要成就偉大的事業，就要先愛你現在的工作，如果你還沒找到想做的工作，就繼續找。」

——蘋果公司創辦人／史提夫．賈伯斯

某名四十多歲女性薇兒說，「希望妳知道，可以做妳熱愛的工作有多幸運。不是所有人都辦得到，有些人甚至連一份普通工作都沒有。」

我同意，「妳說得對，我們的確需要人來做普通工作，工廠需要人，田裡需要人，餐廳需要人。那就是許多人的現實生活，他們也值得鼓勵，因為多虧他們，我們才有東西吃，然而你如果無精打采，是不是有辦法讓工作更有意義，而不只是每天認命地去上工？」

「我覺得妳的說法太樂天。」

「我了解，這麼做只是探索各種可能，而不是光唉聲嘆氣。其中一個方法就是檢視平常休閒都做些什麼，注意到工作之餘做的事情，也許就能找到從未考慮過的其他事業選項。」

例如黛娜・瓦森上課時總喜歡塗鴉，即使上了大學，她總是抓著原子筆，在手邊紙頭上素描或速寫。可惜因為身邊的人都認為她亂畫、發呆是一大問題（「不要做白日夢」）。起初她不認為能靠畫畫維生，找了其他工作之後，她終於發現自己的興趣可以當飯吃（還能過得很開心）。

黛娜是圖像引導員，就是開會時邊聽邊將討論化為圖像紀錄的人，她用色彩繽紛的圖畫捕捉開會精髓，名副其實地讓與會者都得到共識，黛娜將興趣轉為工作，如果你有同樣的能耐，不也很值得深入探索嗎？

利用4I打造事業目標

「找到熱愛的事，不僅關乎工作、金錢，還關係到找出真正的自我，那個埋在他人需求之下的真我。」

——美國作家／克莉絲汀・漢娜

做自己熱愛的工作有個關鍵，就是別再想著你會找到理想工作，彷彿那份工作就在某處，你只要找得夠久，哈利路亞！就會在某棵樹木後面找到。我們喜歡的工作往往與我們的長才相關，一有靈感就要採取行動，創造與我們關心的事物息息相關的職涯。

你也許認為，「聽起來不錯，實際該怎麼做呢？」

以下就是我成為文字創業人的過程。小時候，我甚至不知道有這一行，大學也沒有相關學位，報紙分類廣告更沒有這類職缺。沒有地圖可以引路，毫無指南可言。

現在之所以能從事這份工作，是我多年來基於直覺，又具策略性的步驟，方法就是所謂的「就職藍圖４Ｉ」。每當我遇到職涯抉擇又不知所措時，就審視我的直覺（Instincts）、興趣（Interests）、核心本質（Integrity）和主動性（Initiative）。

４Ｉ總是指引我正確方向，提供下一個步驟。執行「就職藍圖」都有令人滿意的成功結果，而且深得我心。

最早要從我第一次做出重大職涯決定說起，也就是選擇大學主修科系。多虧我爸給我Ｗ．Ｈ．莫瑞激勵人心的那段話（第九章第九十七頁），鼓勵我依隨我心，我才有先見之明去執行４Ｉ。

直覺：直覺要我選擇非傳統的道路，主修休閒產業管理，而不是聽從長輩建議，當個醫生或律師。

興趣：我喜歡當運動員、當教練、籌辦體育活動，所以主修休閒產業管理符合我的興趣。

核心本質：錢不是我的主要動機，做我重視的事情、積極改變世界才是我真正的重要事項。

主動性：我沒等工作出現，主動尋找符合其他3 I的工作機會。

某位學生馬克說，「4 I我懂了，但是妳怎麼走到今天這步？」

「幾年前，我讀到《華盛頓郵報》，發現體育專欄提到六次『專心』。網球選手克莉絲．艾芙特說，雖然頭上常有飛機飛過，但是她能專心，就是拿下美國公開賽冠軍的原因。有位高爾夫球選手在延長驟死賽錯過一桿，就是附近的攝影機喀嚓聲害他分心，我讀得很有興趣。（後來我發現，當我們有興趣時，就是機會來敲門了。）

「我心想，『我們都希望自己能更專注，但是從來沒有人教我們，這幾乎是成功的關鍵，我卻沒看過這類題材的書籍。可是這一點**至關緊要**。』」

「這個題材引起我的好奇，我也覺得這能造福其他人，所以符合我的**核心本質**。**直覺**告訴我，這有市場需求，人們願意花錢學習如何更專心，所以我主動深入探索相關主題，目標就是舉辦公開工作坊。我沒閱讀其他人的作品，自己擬出十個問題的『W提問』，展開訪談研究。我訪問『一般民眾』，慢慢收集他們的見解。」

制定「W提問」，創造自己獨特的作品

「最重要的事情，就是不要停止質疑。」

——天才物理學家／愛因斯坦

以下就是我用來發展出自己一套方法的「W提問」，請套用到你想研究的主題，或人們想擁有的專長，無論是打造手工啤酒、養出有自信的孩子都適用。只要用你的主題，換掉我題目中的「專心」。

1. 專心對你而言有**什麼**意義？你怎麼定義呢？
2. **誰**教你專心？誰是專心的楷模？他們說或做了哪些事情對你留下深刻影響？
3. **誰**是**無法**專心的例子？他們為什麼不擅長？
4. 你**何時**、**在哪裡**可以專心？有哪些誘因？
5. 你**何時**無法專心？又有哪些因素妨礙你？
6. 專心**為什麼**這麼重要？做得好有哪些好處？
7. 你對如何專心有**什麼**建議？請問你能分享哪些練習方法？
8. 請問我就這個主題還能採訪**誰**？誰能提出好建議？

根據「W提問」的答案（以及我的自身經驗），我發展出一套循序漸進的專心方法，並且提供給空中大學。後來好幾個與會者告訴我，「妳可以來我們的會議上演講，或教導我們員工嗎？」那次工作坊開啟我的成功事業，我因此巡迴全球演說，還有機會與美國駐倫敦大使館、「第一資本金融公司」、國家地理和微軟合作，甚至還促成我寫《入定》。

馬克聽完之後說，「好，我知道妳怎麼創業了，但是何必做『W提問』？」

「目標是發展**你自己**的思想資本。與其拜讀所有專家的書籍、剪貼他們的智慧財產，放進自己的作品中，更應該呈現你自己的經驗、專長、頓悟，才能創造你自己的作品。」

「『街頭訪談』可以幫你創造**獨特**的作品。你可以採訪任何人，例如計程車司機、服務生、律師、畫家、創業家等，人們喜歡分享自己的故事。這個過程讓你深入自己的主題，保證著眼社會當前的需要，突顯不同的看法，並提供真實生活行得通的見解。」

「你可以藉由**你**知道**別人**想知道的事情開創事業，人們樂意購買你的方法，因為他們可以因此更快學會他們想學的技能。如果你能提供成功的捷徑，這輩子再也不必『工作』，因為你既可以賺錢，又能改變世界。這不就是我們每個人的夢想嗎？」

以自己擅長的專才創造事業第二春

「你這生至少可以找出自己希望得到的事情……而你的最大能耐，就是活在那個希望裡。」

——美國當代作家／芭芭拉．金索沃

想看看別人怎麼做嗎？伍迪和艾蓮娜．羅夫是退休老師，這對夫妻想撰寫一本書，內容是關於學生希望家長知道的事情，我們一起想出完美書名，《長日漫漫，人生短暫》。艾蓮娜打給我，說他們拒絕了郵輪的演講邀請，因為交稿日期迫在眉睫。

我說，「不要回絕！船上會有幾百個父母、祖父母，剛好趁機訪問各行各業的人。你們帶自己版本的『W提問』過去，可以趁用餐和上甲板散步時問問大家。」

他們後來回覆，「我們在船上超受歡迎！大家都想分享他們慶幸自己做過的事情，以及後悔沒做的事情。」

你有哪些專長是別人想學習的技能呢？也許有人非常欣賞你用iPhone拍的照片，「你怎麼拍得這麼好？」麗奈．薛普就曾碰過。人們不斷讚美她的照片，因此她創辦網上和面對面工作坊，與他人分享攝影技巧。

耐力賽運動員卡蘿．布魯克斯和萊絲莉．史密斯也有同樣的經歷，我遛狗時碰到她們正在發傳單，我好奇問起她們的創業經過，兩人說以前工作繁忙，沒辦法撥出足夠時間練習三鐵，只能在週末到切薩皮克俄亥俄運河長跑，但這種訓練不足以應付三鐵，也不足以安撫成天被關在家裡的活潑狗狗。

後來她們發揮創業家精神，發現家有精力充沛狗狗的飼主不只有她們，如果開公司帶狗狗去跑步，而不只是遛狗呢？她們可以邊鍛鍊體力，邊帶狗狗跑步，還能因此賺錢，又能解決飼主的煩惱。

我當場幫她們想到廣告標語，「狗狗健身中心：功效遠超過公園遛狗。」我剛上網看過，很高興看到她們的營業點擴大到維吉尼亞、馬里蘭和德拉瓦州。恭喜她們根據興趣、直覺、核心本質和主動性創業。

藉由生產能力創造生命意義

「我做的是最棒的工作，成天沉浸在想像世界還有錢拿。」

——故事大師／史蒂芬．金

你是不是心想，「那就幫麗奈、卡蘿、萊絲莉拍拍手囉。我又不想當演說家、作家、教練或創業家，這些點子根本幫不到我。」

明白。本書的前提是**有一天是一週中最忙碌的日子**。無論我們得上班、上學或已經退休，當下一定要有目標，日子才會過得有意義、有動力。希望擁有令人滿意的人生，非要具備**生產力**。無論你是二十七歲或七十二歲，底下的六個問題可以幫你縮小範圍，找到專長。

1. 從小到大有哪些嗜好是以前很愛做，現在卻不再做了？
2. 人們說我擅長做哪些事情？（請注意，你在這方面可能得心應手，覺得小菜一碟。你覺得易如反掌，表示這就是你的強項。如果人們不斷針對某件事情稱讚你，請相信他們！你有什麼天賦或技能？製作無麥麩零食？收集二手服飾？修理電腦？）
3. 我欣賞業界哪個人？看到他們的事業成就，會不會心想，「真希望我也辦得到？」
4. 我可以在哪方面幫助別人更快得到成功、財富、健康或幸福？我可以如何幫他們節省或爭取時間、金錢？
5. 哪些事情是別人不愛做，我卻樂在其中？
6. 什麼事情讓我覺得不能接受？哪些事情是我看到就覺得「有一天我應該想辦

法，就由我來想辦法吧」？

回答這些問題可以幫你找出你有何天賦、能力、技巧，剛好在興趣、直覺、核心本質和主動性的交叉點。

你有沒有分享自己的天賦？

「人生的意義在於發掘天賦，人生的目的在於貢獻天賦。」

——西班牙藝術大師／畢卡索

知道我怎麼想出上述問題嗎？因為我去逛小農市場和手作市集。每次旅行途中看到這些集會，我一定另外挪時間去逛逛，那裡有各式各樣的「就是今天，不要有一天」的故事。

例如我開進薩凡納港的飯店，發現隔壁的會議中心正在舉辦「南方春季市集」，是不是很幸運呢？

市集有兩百多個攤位，我第一個逛的就是「外帶太妃糖」的麗莎．蕭克攤位。她原本是全職母親，後來用家傳食譜做白巧克力加夏威夷果當聖誕禮物，收到禮物的人竟然求她多做一點。

她的自創口味大受好評，週末便開始參加手作市集，結果那些獨特口味的太妃糖銷售成績斐然，她告訴擔任飯店主管的丈夫吉姆，「我們這個生意可能真的有賺頭。」

吉姆告訴我，「老實說，聽到她這麼說，我以為大家只是『客氣』。後來我參加市集，親眼看到市場反應熱烈，有人在網路上注意她的消息，還開上幾小時的車，親自過來買，我辭掉工作，全心投入這門生意。」

長話短說。他們剛買下一萬六千平方呎的倉庫，還上了《歐普拉雜誌》的聖誕節特刊。麗莎說，「人們告訴我們，『噢，你們好幸運，「歐普拉的禮物清單」找上門。』」她微笑，「這個幸運可是常常熬到半夜三更換來的，不過很值得就是了。」

我在另一排又認識「要命好吃莎莎醬」那對夫妻，他們用豆子、玉米、香菜等秘密配方調出超級歪派對不可或缺的莎莎醬，大家都愛吃。後來他們做得越來越大包，退休之後（他當了幾十年的老師），兩人每週末都去各個市集兜售。他說，「老家可能只有華氏八度，但是我們知道週五到週日會到佛州探望女兒，又能認識各式各樣有趣的人，聽他們分享故事，又能賺錢供養退休生活。」

某間可穿藝術的攤位吸引我的注意。老闆琳恩．蕭爾告訴我，「我奶奶非常有耐性，在我八歲時教會我編織。後來我開始幫朋友做項鍊圍巾，發現這不僅是**嗜好**，也是一門**生意**。我以前一年參加四十二場市集，現在減少了。」我問她最喜歡這些手作嘉年華會的哪一點，她眼神晶亮地回答，「人類的創作力帶給我莫大啟發，能來這裡是我的福氣。」

這些故事的寓意是什麼呢？這些業者都不是相關科系畢業，他們學生時期都不知道自己的興趣會成為能獲利的職業。然而，他們每個人都感恩自己能做熱衷的事情，還能有進帳。

我的確買了莎莎醬、太妃糖和圍巾，支持手作生意！

閒暇的休閒娛樂可以成為全職工作嗎？

「成就感帶來的喜悅，和創作時的激情都是快樂之所在。」

——美國前總統／富蘭克林・羅斯福

下次看到手作市集、藝術嘉年華會或小農市場，請務必去看看！如果訪問攤商，就能激發出無限靈感。他們很有可能利用4I創作，因而得到成就事物的喜悅。如同一位愛講雙關語的朋友所說，「他們將嗜好轉化成銀行帳號。」

我也同意畢卡索，我們應該分享天賦，但我不同意我們應該平白貢獻。如果我們需要賺錢維生，就該用天賦賺錢，為他人提供有價事物，為他人增添生活體驗，並且以此賺錢，一點都沒有人格缺失的問題。別人不想自己做，或無法自己做，你為他們做，或教導他們，繼而得到收入，再公平不過了。

請記得，創造事業第二春，永遠不嫌晚。演員約翰．巴瑞摩說，「除非悔恨取代了夢想，一個人才算真正的老去。」請不要讓憾恨取代願景，現在就開始思考，如何運用「就職藍圖４Ｉ」創造或整合出更有成就感的人生／工作。

心法八

「釐清」想要、需要和應得的

「當你退而求其次時，得到的絕對少於你甘心退讓的程度。」

——《紐約時報》專欄作家／莫琳・多德

心法八提出雙贏的方法，幫助你維護自己、伸張自己的權利，讓你於公於私的人際關係更接近你的理想。與其等待好事發生，你還會學到如何主動爭取，不再灌溉枯死盆栽，也不再點你根本不想吃的義大利麵。

22

別再嘗試取悅他人，你又不是巧克力

「不必為了讓別人取暖，就點火自焚。」

——佚名

我去紐約市參加討論時，約了兒子安德魯吃晚餐，當時我努力注重飲食健康，因此兒子訂了當地頗負盛名的素食餐廳。安德魯傳簡訊說他會遲到，請我先點餐。我瀏覽菜單，沒有一樣讓我覺得有一丁點胃口，不是水煮玉米就是豆腐，而且還有一堆花椰菜。

我知道這家餐廳是蔬食粉絲的天堂，然而我不久前看到豆類食品，還會拔腿就跑。後來我才發現，混合菠菜和羽衣甘藍打成的綠色蔬菜汁頗好喝，而且對健康有益。誰會知道？我討厭蔬菜多年，這種果菜汁簡直是迷你奇蹟，改變了我的飲食、身體、活力，甚至人生。

鏡頭回到餐廳，菜單上唯一讓我能下嚥的一道菜，就是蛤蜊醬細扁麵，因此我點了這道，幫安德魯點特餐。

安德魯一貫溜著滑板出現，看了熱騰騰的扁麵說，「媽，我以為妳不吃義大利麵。」

「我不吃啊。」

安德魯再看一眼，看看我，又望著義大利麵。「那妳為何點細扁麵？」

「安德魯，沒關係啦。」

他驚恐地看著我，「媽，這是大事，妳說妳不吃義大利麵，卻點了這道菜，我不懂。」

我想輕描淡寫帶過，趕快開始敘舊。「安德魯，我們吃飯吧，我再兩個小時就得去趕火車。」

安德魯不肯善罷干休，「妳為什麼點妳不吃的餐點？」

我看得出他不會輕輕放下（值得嘉獎），只好解釋思考過程。「安德魯，菜單上沒有我想吃的食物，我們又沒有多少時間，我只好將就點一道。」

「媽，妳知道這樣多令人錯亂嗎？」

哇，我從沒這麼想過，我當下才發現，幾十年來，我都「點我不想吃的義大利麵」。我這個人的原始設定就是善解人意，預料別人想要什麼，再加以提供，希望他們開心。我自覺這是一片好意，我不想傷安德魯的心，所以我要吃下那盤義大利麵，因為我不想小題大做。

我沒想到什麼呢？我這麼做**反而**是此地無銀三百兩。有話不直說只會害人困惑，讓人隱約覺得不對勁。謝天謝地，安德魯直搗問題核心。「媽，妳想吃什麼？」

這次我直言不諱，「牛排。」

他說，「可以啊。」他請服務生打包，我們走到一條街外的「全食超市」，我買了牛腹協肉，他點沙拉。我們到附近的公園，坐在滿月下，享受我們最重視的……敘舊。

安德魯很好奇，「媽，我不懂，妳為什麼要屈就？」

「安德魯，我不希望別人覺得我很難搞，我從小就順從別人的要求，誤以為這樣就能避免衝突。你剛剛告訴我，儘管我是一片好意，結果反而背道而馳。一開始就說清楚我的要求，其實更俐落，也更坦率。」

「沒錯，妳直說，我就不必猜妳的弦外之音。」

「我懂了，諷刺的是，你和湯姆從小就和我約定，一定要對彼此實話實說，人生才會更單純簡單。我們都同意，你推我讓實在太無聊，『你想看哪部電影？』、『我隨便，你想看哪部？』我們說好有話直說，因為那總好過彼此揣度，還會懷疑對方是不是有什麼事情避而不談。」

安德魯的眼神彷彿這不是顯而易見嗎，他清楚知道，第一次就直接提出要求，事情更順暢容易。然而我得花點時間，才能改掉幾十年討好別人的「扮演巧克力」習性。覺得耳熟嗎？你也會「察言觀色」，專做自以為取悅他人的事情嗎？親友會不會更希望你實話實說，不要拐彎抹角呢？

你的格言是「大家開心嗎？」

「我的快樂繫之於我，不是你的責任。」

——亞伯拉罕靈修團體創辦人／伊絲特・希克斯

各位可能以為我從此了然於心，其實不然，要改掉一輩子的習慣得花上好一陣子，同一年，我在聖誕節去茂宜探望湯姆、佩蒂、他們的兒子馬提歐和女兒娜塔莉亞。重訪湯姆和安德魯兩兄弟長大的威雷亞海灘，看到聖誕老人（身穿夏威夷傳統服飾）一如三十年前，划著掛滿花環的浮架獨木舟，這種景象讓人覺得回到原點，心滿意足。

假期最後一天，我們開車去卡納帕利的黑石，那是茂宜數一數二的浮潛勝地。湯姆和佩蒂問我，「可以幫我們看著孩子嗎？」

「沒問題。」馬提歐正在午睡，娜塔莉亞開心地玩沙，我看著湯姆和佩蒂像新婚夫妻般甜蜜嬉鬧。他們上岸擦乾身體時，佩蒂問我，「妳好嗎？」

「喔，我們玩得很開心。馬提歐做白日夢，娜塔莉亞找到一個水桶……」

佩蒂眼神古怪地看著我，「莎曼，我問**妳**好不好……」

被逮到了，我們家長已經習慣把注意力放在孩子身上，即使聽到別人問候，我們也會正經八百地說起他們的狀況，我們心裡只掛念著他們的福利，根本不把自己放在心上。

我們該把自己放回故事裡了，這不但是比喻也是事實。

記得我在第七章請朋友瑪麗幫我「清理房子」嗎？某次吃早餐時，她開冰箱拿蛋，卻突然站住，端詳起冰箱門，又喚我過去。「妳有發現嗎？」

我過去看照片，湯姆和安德魯在茂宜衝浪、打小聯盟、和朋友一起去戶外教學、參加畢業舞會、畢業典禮。

猜冰箱上面沒有什麼？我的照片。的確有幾張全家福，但是沒有我演講、巡迴簽書會，也沒有我和朋友的合照。冰箱敘述著我們家的故事……裡面卻沒有我。

還有哪件事令人啼笑皆非？雖然兒子都已經長大、離家，他們依舊是我家的主要住戶，我自己的人生裡卻沒有我。

你呢？你也跳脫自己的故事嗎？你始終以別人為主嗎？即使他們已經長大獨

立？無論從字面意義或背後比喻而言，你不該把自己放回照片裡嗎？

你是不是太客氣，以致別人都欺負你？

「別人無法踐踏你，除非你自己躺下來。」

——美國作家／安・蘭德斯

習慣討好別人還有另一個意想不到的後果，對許多人而言，我們許久沒問過自己想要什麼，也早就沒有頭緒，我們多年來都把需求和希望埋在心裡，恐怕早已遺忘。我們常常超越自我，遇到任何狀況都默默接受，免得造成「麻煩」。即使旁邊沒有任何人，我們都會放棄自己的權利，記得上次我在太平洋沿岸公路的經驗嗎？「沒關係，**你**先請。」我很幸運，沒因此丟掉性命。

舉辦這個主題的工作坊，最令人欣慰的成果，就是聽到別人說做了「四分鐘四格快樂測驗」，決定重新為自己而活。

泰拉說，「那天晚上，我沒分享自己的故事，因為我還沒準備好對著一屋子的人說。我在第二格（有哪些事情是我想做卻**沒做**）寫和未婚夫分手，第三格（現在做的事情當中，有哪些是我**不想做**的）就是和他訂婚。

「表面看來，我們是天造地設，我們都在管弦樂團，都在外面教課兼差。我們約會幾次之後，他便向我求婚，我的爸媽很開心我找到伴，他是個好人，可是——我知道這麼說很惡劣——就是不吸引我。我無法想像我們共度餘生，然而他說來說去都是這件事。」

「聽到妳的『義大利麵』的故事，又做了那個測驗，我心裡的聲音變得清楚又響亮，**『我不想嫁給這個人。』**但是我不斷推遲拒絕，因為我不想傷害他。我知道這個說法有多荒謬，也不敢相信自己竟然配合演出這麼久，就只是因為我不知道該如何分手。說起來可能傻氣，但是那個小測驗給我勇氣說出真相。我在心裡不斷排練，後來我簡潔明白地告訴他，我不知道該如何表達那種如釋重負的心情，大概沒有言語可以形容，就是……自由了。」

泰拉說得對，我們因為不想傷害別人，是不是常避開問題核心？事實與我們的認定正好相反，試圖帶給別人快樂對任何人都沒有好處。我並非建議大家只想著自己，但應該在別人和自己的需求之間找到平衡點，記得那位大學諮商人員說要設下界限？「我只顧慮別人，沒想到自己，學生們看到什麼榜樣？他們看到我不看重自己，又會學到什麼？」

下次你心裡不願意，嘴上卻打算答應時，請自問，「我這是點我不吃的義大利麵嗎？」

很多因素會影響你的未來，但是你本人就是主要原因，如果你現在就想更開心，而不要有一天再說，請不要再逃避真相，一開始就說出真心話，提出真正的要求。這麼做更簡潔俐落，人們不必再猜測你的想法，你也不必揣度對方的心思，就像歌手瑪麗．布萊姬所說，「別再演了[19]。」

想知道該如何**提出**要求，並且成功爭取到嗎？請繼續往下讀。

19. “No More Drama”是布萊姬的專輯名稱，中譯《反璞歸真》。

23 如果你不問，答案永遠是「不行」

「為你做不到的事情辯解，無疑地，它們就真的會成為你的限制。」

——美國飛行員、作家／李察．巴哈

我行駛在華盛頓特區的康乃狄克大道，經過空中大學前辦公室，想到某個重要經驗，我因此學會，該得到的就不要等別人給。

雖然在網球業界做得很開心，但我不想下半輩子都賣網球熱身課程、訂場地、辦比賽。我辭職，和朋友開著綠色的福特Econoline廂型車橫越加拿大，想找到**下一個人生目標**。我們在薩斯克其萬陽光下一望無際的牧草地狂奔，在卡加利牛仔節打工，走過班夫和露易絲湖附近的壯麗山脈。

那趟旅程尾聲將近時，我應該要找到下一個目標，卻發現自己只想去空中大學毛遂自薦。

空中大學提供的三百多種課程涵蓋各式各樣的領域，從踢踏舞到如何蓋房子都有。幸好創辦人桑蒂．布瑞莫正在擴大組織編制，便將我納入團隊，那份工作猶如置身天堂。我們搭客運參加比利時賽馬錦標賽、舉辦迪斯可舞會，在老師家中（當時的社會風氣較淳樸）舉辦成人推廣課程。我們甚至還辦跑步團體，在史密森尼學會旁邊的商場碰面，一起為十公里路跑鍛鍊（練完就相約去吃早午餐）。

我的薪水甚至不及上一份工作的一半，因為我相信他們的抱負，也熱愛工作，並且深信只要我幫忙增加收入，一定會拿到相對應的加薪。

三個月、半年都過去了，我依舊長時間工作，努力構思新課程、寫文宣增加註冊人數。我不斷等待上級喚我進辦公室，等他們讚美我、拍拍我，開口幫我升職、加薪，什麼都好，可惜什麼都沒有。

一年後，我覺得自己遭到剝削，拿到的薪水遠不及我付出的程度，我甚至考慮離職，因為覺得自己受到不公平的對待，最後終於決定為自己伸張正義。我氣呼呼地走進桑蒂的辦公室（請原諒我當時年輕不懂事），用力捶她的桌子說，「我應該加薪吧。」

她平靜地看著我，「沒錯，妳值得。我還在納悶，妳何時才有勇氣來問我。」

桑蒂說得對，她沒有義務幫我加薪。如果我覺得我應該得到，也有證據證明我至少帶來多少營利，爭取加薪是**我的**責任。

我很感激桑蒂．布瑞莫，在許多方面都要謝謝她，她是好老闆，教導我許多事情，包括我們應該自己爭取福利，如果不開口，答案永遠是「不行」。

你呢？你沒得到應得的福利嗎？正等著別人幫你爭取？恐怕有得等了。

如果你從本書得到任何省思，我希望就是這一點。快樂掌握在我們手中，不喜歡現狀，就得自己想辦法改變。說到這裡，如果覺得不開心，其實只要做四件事情。

不開心？你可以避開、爭論、接受或改變

「主宰自己的命運，否則別人會接手。」

——前奇異電器執行長／傑克．威爾許

我在每月一度的電話中和朋友葛蓮娜聊到這件事情，她說，「莎曼，妳知道我們不滿意現狀時，只有四個選擇吧？」我們可以：

避開：可以壓抑、不承認，假裝心煩的事情根本不是大事。

爭論：可以不開心，向他人或始作俑者抱怨。

接受：可以認定「這就是世道」，我們也無能為力。

改變：可以採取行動改善現狀、遏止，或預防再度發生。

我最喜歡講述某個例子，那是一個在太空業界工作的女性工程師，她決定**改變**

現狀，而不是**避開、接受**或**發怒**。身為新手媽媽，她因為不能時時「陪伴」寶寶，常常覺得愧疚不安，她不想再到辦公室裡兼做集乳室的擁擠洗手間，夾在工作與兒子之間也左右為難。她知道自己很幸運，可以做到充滿挑戰的重要職位，但卻考慮辭職，即使收入大減可能會影響家庭預算。

她疲憊不堪地過了幾週，赫然發現自己只是在心裡煩惱，根本沒給上級改善現狀的機會。她準備了提案，希望減少工時，希望辦公室能規劃「新手媽媽室」，她或其他新手媽媽同事才能在乾淨又隱私的房裡集乳、休息。

她的主管連想都不必多想，她已經徹底研究過，確定她可以在三十個小時的工時內完成分內工作，而且另外撥空間給女性員工也是聰明的投資，主管當下就批准了。

這件事對她和主管而言是雙贏，公司不必面臨不必要的「人才流失」問題，失去一個重要員工，她也能兼顧工作和家庭。

你呢？你因為環境不符合你的要求、需要，或覺得委屈求全，正打算放棄什麼嗎？能不能擬定提案，為你和公司建立一個雙贏局面？能不能找主管，提出要求，而不是因為覺得委屈，就「直接離開，表達不滿」？

運用以下五個成功說服的原則，達到要求目的

「相信自己。即使不信，也要裝個樣子。裝著裝著，就會信了。」

——美國職業網球選手／大威廉絲

你也許心想，「我知道該出聲爭取了，只是不知道該怎麼做才會成功。」幸好你可以採取以下步驟，提出扎實的提案，無論是商量加薪、或請求主管改善工作環境，以免打擊士氣或生產力，以下的「五大說服原則」都能幫你轉敗為勝。

說服原則一：相信你的提案的價值

你可能認為顯而易見，但就如同我爸爸說的，「常識不代表大家都會這麼做。」你提出要求時，是否心中暗自懷疑，「這是浪費時間，他們絕對不會批准」？你自己都不相信提案有機會，別人怎麼會相信？

決策者「押注押騎士」，他們必須相信你全盤了解，才會批准。進去主管辦公室之前，請不斷告訴自己，「我知道這麼做非常值得，對所有人都有好處，」才能散發自信心。

說服原則二：預料對方可能拒絕的原因，先發制人

判斷上級可能回絕的原因，先提出來，否則他們不會再聽下去，只會等待發言時機，告訴你為何行不通。如果你預測他們可能反對的理由，「我們試過，但是不奏效。」那麼你該說什麼？「你們可能認為公司試過，結果適得其反。你們沒錯，所以我們找出上次哪裡出問題，這次提出解決辦法，預防上次的問題再次出現。」

說服原則三：為每個論點編號

高中辯論老師曾說，「別人藉由你們如何組織思路，看出你們的技巧。也許你們的提議有憑有據，但是要旨如果令人摸不著頭緒，決策者就會認定你們根本不知道自己說些什麼。」要讓我們的論點聽起來有道理，最簡單又最迅速的方法就是編號。「這個決策有三個理由可以讓公司省錢，第一……第二……第三……」我們說得簡單、好記，人們更有可能明白、尊重我們的發言。

說服原則四：說他們的語言，專心致力於解決他們的需求

避免說「我認為」、「我想」或「我需要」。別人做事是根據**他們的**理由，不是**你的**，尤其是公司的決策者。專欄作家保羅．哈朗．卡林斯示範家長要如何成為這方面的專家，「如果你希望家中青少年去剷掉車道上的積雪，就說他可以用車。如果要教孩子怎麼數數，就給他們數目不同的零用錢。」

先問自己，「我要說服的人最看重什麼？」錢？安全？名聲？人脈？健康？員工忠誠度？生產力？想清楚你的提案對他們有何好處，然後一一列出。如果上級認為維持市佔率或保持優勢很重要，就強調實施新措施之後，公司會在市場上一枝獨秀，還能吸引新顧客。

說服原則五：創造雙向對話

沒有人喜歡聽人說教，如果我們逼別人看出我們的論證有多聰明，對方可能不肯，因為他們不喜歡聽人指手劃腳。大家都喜歡自己做決定，我們的目標就是讓對方主動參與，這時的話術就要用到「如果可以這般那樣，是不是就太棒了」這類的問題，對方才能想像我們的提議。他們便能看出我們究竟說些什麼，等於縮短了兩方的距離，因為他們開始想像往後的狀況。

女工程師的老闆之所以答應她的提議，其中一個原因就是因為她採用這五個原則。你呢？如果你已經準備好爭取你想要、需要、應得的條件，提案就必須至關緊要，證明上級一定要同意，才能讓各方都受惠。

喜劇演員露西兒．鮑爾說，「我寧可為了做過的事情後悔，也不想因為沒做而抱憾。」下次你沒爭取到，請記得這句話。你絕對不會後悔自己挺身爭取協商，只會後悔自己被動接受，委屈求全。

心法九

「開創」全新的開始

「你隨時都可以有嶄新的開始，
因為所謂的『失敗』不是倒下，而是不再起身。」
——奧斯卡影后／瑪麗・畢克馥

你是否已經執行前幾項心法，生活依舊不如你意？心法九會示範其他方法，改變令人情緒低落的狀況，而不只是接受、避開、爭辯或發怒。你會發現，無論你面對的是何種狀況，開創全新的開始永遠不嫌晚。

24

別再灌溉枯死的花草

「我只是努力思考未來，不要悲觀。」

——特斯拉汽車創辦人／伊隆・馬斯克

麥特進門，一屁股坐在階梯上，我沒看過別人這麼沮喪。我說，「麥特，二十五歲的人不該這副德行，怎麼了？」

麥特住在我家地下室，有時幫我打工，另外還有一份某協會的全職工作。他背負大筆學貸，為了還債，日子過得捉襟見肘。

「今天公司做考績檢核，我和主管分享某些點子，建議他們清理系統，我們工作就會更有效率，我甚至還做了試算表，證明我的方法如何發揮功效、可以節省多少錢。」

「然後呢？」

「她說，『麥特，我們不是為了這種事情付錢給你，做你分內事就好了。』」

他看來傷心欲絕，我問，「麥特，你想做什麼？你有什麼夢想？」

「除非我還完學貸，否則我根本不敢有任何夢想，但是我還要好幾年才能還完。」

我說，「做夢又不花錢，沒有夢想才得付出莫大代價。如果可以，你想做什麼？」

「我訂閱很多旅遊部落格，我也想效法他們。」

「為什麼不挑幾個最喜歡的部落客，主動出擊？就說，『我知道閣下很忙，如果有後輩想進入這一行，請問你有何建議？』」

後來麥特果真找上他最喜歡的冒險旅遊部落客。有人說好攝影機是必要器材，也推薦了款式，有人建議他拍攝附近有趣的景點、活動，推出文章、影片，麥特也利用閒暇開始介紹。

猜麥特現在人在哪裡？南韓。他先到當地教英文，如今則是人力仲介公司的經理，他在國外潛水、玩空中飛索、前往他以前根本無法探訪的國家。這都要歸功於他不再灌溉枯死的花草，與其困在毫無展望的工作崗位，他開始追求夢想，而不是絕望地退縮一角。

請注意，頭幾年，麥特依舊持續償還學貸，同時又能體驗國外生活，從事一份有人賞識他的工作。

你對未來感到悲觀？展開全新的開始永遠不嫌晚

「有時你不能再等待偶像出現，你得開始當個你想成為的人。」

——美國搖滾歌手／布魯斯．史普林斯汀

你呢？你就像當初的麥特？對未來感到悲觀？你失去希望了嗎？

你有選擇，可以避不面對，也可以主動出擊。英國小說家喬治．艾略特說過，「做回你命定該做的人，永遠都不晚。」即使在絕望、沮喪的境地也能懷抱夢想，其實夢想還能成為唯一避風港，你可以在心裡逃離令人氣餒的現狀，展望掙脫的方法。

就像美紀．艾葛拉瓦，她原本只是發現餐廳食物有多麼不健康，因此想知道是否有比較健康的選擇，繼而開始上網查資料，最後決定開創農場食材直送的餐廳。起初一切都只是**她**腦中的構想，但是更美好的將來，就是始於你腦中的想法。

首先，你必須先相信，即使生活困頓，懷抱夢想並不「愚蠢」，而且往往是脫離苦日子的第一步。奧斯卡．漢默斯坦二世的歌曲〈幸福對話〉提到：「如果沒有夢想，如何讓美夢成真？」

著有《時空旅人之妻》的奧黛麗．尼芬格說，「我們都有時光機。有些帶我們回到過去，名為回憶。有些帶我們進入未來，名為夢想。」

記得我們在第五章「在日曆上圈出日期」所討論的「5W表格」？你填了嗎？貼出來了嗎？如果沒有，一切都還為時不晚。如果你希望夢想成為提升生活品質的時光機，今天就填「5W表格」，並且放在你每天都能看到的地方。

你覺得像是拿頭撞牆？

「人們放棄力量最常見的方式，就是以為自己沒有力量。」

——非裔作家／愛麗絲．華克

某位參加沙龍的人問，「我們怎麼知道自己灌溉的花草已經枯死？」

我告訴她，「妳覺得不斷拿自己的腦袋撞牆好幾個月（或好幾年），狀況還是沒有改善，那就是灌溉枯死的花草。如果妳已經盡力改善現狀，如果妳檢視自我，找出該如何出力、改變應對方法、盡力提供積極解決方法，狀況**依舊**沒有起色，就該停止澆水了。」

全新的開始不會自動出現，得靠你主動發起。

某位千禧世代的女孩麗莎說，「我在協會中爭取領袖位置兩年，但主管就是不肯放手。我認為他覺得我是一大威脅，不斷阻止我晉升，儘管無法升職頗令人氣餒，我還是很愛這份工作，不想辭職，我只是想主導某些案子。」

「我媽建議我加入當地商會，我也做了功課，起初我覺得不合適，因為會員們年紀都比我大，但是我母親認為剛好藉由我的加入，能讓年輕經營者更有共鳴。

「打從一開始，他們就對我很友善，事實上，我加入三個月，就成為方案主席，現在已經當上社長。我有機會籌辦活動、請人演講。例如上個月，我們就幫『餐車經營者』辦專題討論，有一人是退役軍人，他從沒想過竟然能在家鄉經營自己的事業。我很開心領導能力得到讚賞，而不是遭人打壓。」

知道何時收手

「如果一開始不成功，就一試再試。然後才放棄……執迷不悟沒有意義。」

——美國喜劇演員／W．C．菲德茲

你呢？你困在死胡同，沒有人欣賞，大難似乎即將臨頭，無論如何努力，似乎都無法打破僵局？你陷在不健康的戀情中，另一半不想、沒興趣也不肯改變？

也許你該丟掉這株植物了。我們從小就被灌輸不可以放棄，大人說贏家從來不半途而廢，持之以恆才是常勝軍的特質。堅忍不拔的確很重要，但也只能適可而止，凡事都有可能走極端。

欣蒂和艾德．賈斯提斯就是最好範例，我在夏威夷時，有幸走訪「講故事書店」。這間知名書店位於夏威夷人潮最少的主要島嶼，而且那個式微的市鎮人口不到三千人，卻是美國五年來成長最快的小企業，旅遊平臺「貓途鷹」說這裡是可愛島人氣最旺的景點。

怎麼可能？簡而言之……就是定位清晰。他們清楚自己主張什麼，又不能容忍什麼。欣蒂和艾德去可愛島度蜜月，因為太喜歡了，決定放手一搏，把積蓄押在夢想上，他們沒有任何書商背景，以前也沒想過要買間書店。然而他們從營業第一天就開始賺錢，因為他們的信念就是，「不要跟隨定律，要遵循我們的價值觀。」

例如「定律」認為實體店面就該有收銀機，對嗎？問題是收銀機會讓你困守一處，而且通常是商店的前頭，如果後面的顧客找不到書呢？如果找不到人詢問或推薦，消費者離開之後往往就不會再回頭。

所以艾德和欣蒂開業半年後就捨棄收銀機，他們腰上圍著收銀布兜，便能隨時服務顧客。我在店裡的時候看到他們對每個走進店裡的人打招呼，夫妻當中一定有一人在前頭問人找什麼書，推薦那類書籍的其他作家。

如今書店要提高營業數字，流行多樣化經營，他們在店裡添了咖啡館、藝廊、愛書俱樂部、脫口秀表演，還放置舒適的椅子供人坐著看書。

知道他們有何發現嗎？那些額外服務製造了許多問題，卻無法提高銷售量。事實上欣蒂還說，「我們上午六點進店裡，晚上十點才能離開。我們發現**咖啡提高咖啡銷售量，書店提高書本銷售量**，所以放棄多樣化經營，還是回到以前的老方法。」

聊天時，我就清楚發現，他們的成功秘方就是**不再灌溉枯萎花草**。他們婉拒**不賺錢又不能**帶給他們歡樂的生意。兩夫妻才有更多時間、預算，專注做能賺錢又令人開心的事情。

我告訴他們，「米開朗基羅有個故事（也許不足為信），別人問他如何創造出雕塑大作時，他說，『**我只是鑿掉不屬於大衛的多餘部分**。』恭喜你們也用雕塑大衛像的方法對待人生，你們捨棄不符合優先順序的枝微末節，你們的成功要歸功於做對所有事情。」

你呢？如果你不開心，會不會是因為遵循別人的定律，卻沒依隨你心呢？你持續灌溉枯萎花草嗎？要找回適合你的工作，你又該放棄什麼？

如果你無法放棄，又怎麼補償？

「也許你拿到仙人掌，但也不必坐上去。」

——美國電視佈道家／喬依絲·邁爾

住歐胡島時，我在夏威夷大學開「信心」課程，學生拉娜的故事讓我永遠忘不了她。她成功申請到夢想學校南加大電影學院，入學之後也讀得很開心。後來雙親都生病，她身為獨生女便回到島上照顧他們。但是她唯一能找到的工作就是郵局的差事，她過得很悲慘，覺得自己與同事格格不入，工作也不得心應手。她充滿創意，卻不得不處理一成不變的分類工作。她看不到隧道盡頭有任何希望，拉娜說，「我甚至不認得自己了。」

我問，「妳以前喜歡做什麼？」

「我生來就要拍電影，在南加大學習拍攝紀錄片簡直如魚得水，教授說我真的有這方面的才華，想到我放棄與生俱來的天賦就難過。」

「妳能不能聯絡當地公共電視臺，看看他們是否需要義工？我知道妳的空閒時間不多，但是也許他們有什麼案子需要幫忙？」

她採納我的建議，我還記得她最後一次來上課時，臉上洋溢著笑容。我問她發生了什麼事情，她說公共電視臺引薦她進入夏威夷國際影展。當時她甚至不知道能做些什麼，但她知道自己一定幫得上忙，對當時的她而言，那就是隧道彼端的光芒。

我稱之為「教父計畫」，如果真的陷入困境，沒有其他選擇，就在心裡默許自己都無法拒絕的約定，只要明白**為何**這麼做，只要給自己一件能開心的事情，就能接受不盡如人意的現狀。

你自覺身處黑暗隧道？即使一週只有一小時的空閒，該如何重拾喜歡的休閒活動，展開全新的開始？

你可能聽過「隧道盡頭有一道光」，但在艱困時期，我們不只需要**盡頭**的光，現在就需要**隧道裡**有光，從事讓我們目光炯炯有神的活動，就是其中一個方法。

現在哪件事情能成為你隧道裡的光？

「臉向著陽光，就不會看到陰影。」

——美國社會運動家／海倫．凱勒

我有個朋友現在就在黑暗隧道裡，她的丈夫多年來都有背痛的困擾，因為必須定期吃止痛藥，已經無法工作、開車或任意出門，親屬留了房產給她，但是那棟屋子狀況奇差，還有大筆稅單和律師帳單代繳，本來這筆橫財應該可以拿去償還醫院欠款，幾個月的法律手續卻會用光所有資源。

她如何挺過這些難關？日子怎麼過？我上次去她的辦公室，稱讚她聽的音樂真美。「喔，」她說，「週二是無伴奏合唱日，我們會放『Straight No Chaser』和合聲清唱；週一是鄉村音樂，週四是爵士大樂團音樂；週五就放經典老歌。」

我心想，「小事情也能發揮大作用。」我很佩服她在這種環境下還盡力過生活，音樂是讓她心情舒暢的原因，所以她將音樂融入日常生活。

什麼事情能幫你挺過困苦時期？

對某些人而言是陽光。我還記得華盛頓特區的漫長冬日，也記得我的心情有多糟。後來我讀到，美國國家衛生研究院剛發現所謂的SAD，季節性憂鬱症，他們列出所有症狀（懶洋洋、對平常喜歡的活動失去興趣、懶得社交、特別想吃碳水化合物含量高的食物），我心想，「啊哈，原來不是只有我消沉沮喪。」

我只知道在十二月到三月的又是雪來又是雨的日子中，我就像一頭想冬眠的熊。這份研究顯示，有些人在陰天的確心情不佳，因為沒有陽光會導致血清素和褪黑激素下降，干擾心情和睡眠。

這時可以用光照療法對抗季節性憂鬱症。先諮詢醫生，「光照箱」是否適合你。此外，陽光（尤其是一天剛開始時）可以加速新陳代謝，增強免疫力，提供維他命D和D_3，對骨骼和眼睛健康都有益處。陽光確實可以讓人更快樂、更健康。

或許有人覺得我說得太輕鬆，總之切記，我們可能無法改變人生大事，卻能改變日常瑣事，這些改變可以積沙成塔。

如果不能改變環境，就改變心態

「這個世界想當什麼人都行，那就選擇當個好人吧。」

——美國作家、記者／康妮．舒茲

我有機會在國家圖書日對一群專業人士演講，他們的區域統籌組長揭開講座序幕的手法非常聰明。他在活動前幾週就找上讀者，「請問我們的圖書館員如何影響你們的生活？」

他將厚厚一疊感謝信捧上臺，坐在椅子上開始讀。他讀了一封又一封，唸出人們如何因為某個圖書館員努力付出而受惠，臺下開始出現啜泣聲。

「因為你們幫助我修改履歷，我找到工作。」、「謝謝你們對我這麼友善，每次我走進圖書館，都親切喊我名字，這是我唯一覺得自己受歡迎的地方。」、「我是家族中第一個上大學的人，現在是自豪的約翰霍普金斯畢業生，也是參考館員，因為你們的參考館員告訴我，只要我們願意查資料，可以學會任何事。」

輪到我上臺時，雖然我原本沒打算說出這個故事，依舊自動加入演講內容。「我長大的小鎮養的馬比人還多，事實上，我還騎馬上圖書館，那是一匹名叫『喬』的巴洛米諾馬。我會把馬拴在館外，進去看看有沒有沒看過的新書。我永遠感謝普萊斯太太，介紹我看沃爾特．法利的《黑神駒》系列，她推薦的書打開我的眼界，我因此知道偏僻山鎮之外，還有更大的世界等著我探索。我真希望我能感謝她在我的生命中扮演這麼關鍵的角色，我之所以成為作家，也要歸功於她，因為她那麼有愛心，願意花時間在一個十歲孩子身上。」

演講之後，有位圖書館員告訴我，「我做這份工作已經二十三年，本來打算辭職，因為這份工作和當初我入行時已經大不相同。我常常得扮演警察，而不是圖書館員。人們似乎只會問我，『請問洗手間在哪裡？』否則就是聽人們抱怨哪個人佔據電腦太久。聽到剛才那些來信和妳的故事，我想起當初進入這一行的初衷。」

你呢？如果目前的局勢有無法控制的外力（例如家人身體出問題、有人占據電腦），你能控制什麼？吸收到的陽光量？播放令人心情愉快的音樂？專注於你能影響的層面？如果你處境艱難，做點事情提振精神不是瑣碎小事，而是至關緊要。

蜜雪兒．歐巴馬說，「我們應該更努力，把自己當成待辦事項的優先順序。」

我們將在下一章討論，為何做平常不做的事情，就是提高自己優先順序的好方法。

25 做平常完全不做的事情

露西：「你覺得人會改變嗎？」
奈勒斯：「我過去一年就變很多。」
露西：「我是說變得更好。」

——漫畫家，史努比的創造人／查爾斯．M．舒茲

我去哥斯大黎加對某群轉型領導人演講，許多人都非常成功，但也付出了相應的代價。他們總是東奔西跑，不是在機場，就是在某間偏遠飯店主持某個計畫。我告訴他們，「我決定展開『一年水濱生活』計畫，就是因為我發現自己的人生已經成了航空母艦。」

「成為什麼？」前排有人發問。

我告訴他們，「我二十多歲時曾有個海軍飛行員的男友，他專從航空母艦上駕機起飛。我記得他說，『妳知道要如何停下航空母艦嗎？沒辦法。它的體積和動能巨大，即使關掉引擎都還會繼續行進。就算讓發動機反轉，航母還會前進四哩才停下來。』

「在我看來，這個比喻多年前就等著套用在我身上。我做同樣工作已經幾十年，我的事業就像航空母艦，而且還很精良，但是這份工作已經累積生生不息的動能，我只能不斷前進。」

「問題是外面有一望無垠的汪洋，有些港口我從未見過，有些海域我沒探索過。我要不斷前進，或是改變現狀呢？」

某位知名作家舉手說，「我無法半途而廢，許多人的生計都靠我。就算為了他們，我也得繼續往前行駛。」

「我知道這很令人為難，也許你們有興趣聽聽奇幻大師喬治．R．R．馬汀的說法。我也開始讀『Daily Mash』訪問《冰與火之歌：權力的遊戲》作者的摘錄：

「『當時我的《凜冬寒風》已經寫了十萬字，一洲有軍隊，另一個大陸有殭屍，到處都有龍噴火，還有各式各樣無聊的支線情節，提到比較不知名的貴族，我現在甚至記不住他們的名字。總之，就是一場惡夢。

「我恐怕還得過好幾個人不像人、鬼不像鬼的日子，最後大家依舊會毫不留情地批評這本書『令人不滿』。

「但是外面天氣晴朗，我年紀已經老大，手頭也比以前更寬裕，恐怕這輩子也花不完這些錢。告訴我，我何必寫完這本書？這問題很老實。誰想寫就讓別人去寫，我無所謂。』」

「哇，GRRM（業界的人都這麼稱呼他）曾經考慮半途而廢。可以想像，他的出版商、製片、千百萬粉絲一定會施壓他繼續寫。問題是，『那到底是誰的人生？』」

「他為這系列小說貢獻了幾十年，為世界各地的人帶來無數歡樂，也為他自己和許多人賺進大筆財富，他在這個事業、人生階段，有權利追求他想過的日子嗎？他有權利放下對他人的義務，享受戶外晴朗的好天氣嗎？他要對誰負責？他的粉絲、書迷？還是他自己？」

該是改變方向的時候了嗎？

「生大材，不遇其時，其勢定衰。生平庸，不化其勢，其性定弱。」

——老子

你呢？你繼續這份工作是因為要顧及別人嗎？代價是什麼？你有權利做你想做的事情嗎？那樣算是自私嗎？這究竟是誰的人生？

就算人生和事業都前途似錦，幾十年來的方向始終如一嗎？是不是該探究從未航行的海域呢？

當然，你不是沒有選擇。

你不必半途而廢，也許可以不時從航空母艦上起飛，偶爾另加行程。也許你的航空母艦可以轉向，探索新海域、在新港口停留，你覺得如何？

GRRM那段訪談在那次參與演講的轉型領導當中引起激烈討論，因為他說出某些人的心情。他們也已經進入事業下半場，許多人都名利雙收，過得闊綽寬裕，但是外面天氣再好，有些人卻沒有享受晴朗陽光的自由，有地方要趕去，有活動要籌辦。

後來有人告訴我，「真希望我能暫時與外界切斷聯繫，我已經厭煩從一個城市奔到另一個，只想好好吃頓飯，不要煩惱有人想合照，我知道這個要求聽起來很簡單，但我想早晨起床到花園澆水，我每個月只能在家待個兩三天，永遠沒機會照顧院子。」

你也許認為，有錢有勢的人才有這種煩惱，你很樂意和他們易地而處，他們過過你的生活就知道。

我懂。不要誤會了，他們知道自己多幸運，所以一開始什麼也不肯說，因為他們不希望別人誤會他們亂抱怨，或是不知感恩。

問題來了，要能幫助別人……首先要幫到自己。

你呢？你準備從航空母艦起飛，放個難得的假期？卻害怕一抱怨就被人當成無病呻吟？

果真如此，請回去翻「為人／為己量尺」，看看自己是否失衡了。如果是，該發揮創意，考慮你從未想過的選項了。

還有其他方法可以從航空母艦上起飛

「我要探索那神秘浩瀚的世界。」

——《美女與野獸》的貝兒

有對三十多歲的夫妻都是創業家，他們說，「妳的『一年水濱生活』啟發去年我們離開『航空母艦』三個月，我們成了避冬族。」

「怎麼說？」

「我們住在布魯克林翻修過的教堂，隔著一條河對面就是紐約市。我們需要的東西就在門外，有好幾個朋友都住在同一層樓，所以我們內部就有個小社區。一年在這裡住上九個月都非常理想，但另外三個月……啊，就不是那麼一回事。我們沒那麼欣賞暴風雪、薄冰和凍死人的氣溫。有人建議我們冬天把房子租出去，找個氣候晴朗的地方住，例如南加州，起初我們認為只有退休人士才這麼做，後來發現很多創業者都如法炮製，因為他們在任何地方都可以經營公司。」

「你們怎麼執行？」

「我們每週和團隊進行視訊會議，他們也因此可以在家工作，我們把紐約市的家租出去當短租公寓，收入就拿來支付兩邊的房租和來回機票。我們不必放棄布魯克林的家和社區，又能在威尼斯海灘結交新朋友，體驗全新的生活，簡直是一舉三得。」

你可以去哪裡鬆口氣？

「每個女人都需要自己的房間。」

——英國女性主義先鋒作家／維吉妮亞．吳爾芙

你也許認為，「恭喜他們，但我有家累，我們不可能一年把房子短租出去三個月，去當避冬族。」

想知道另一個鬆口氣的方法嗎？又近又免費？

找「第三窟」。什麼是「第三窟」？工效學（研究環境如何影響效率的學問）指出，家是「第一窟」，公司是「第二窟」。如果在家經營事業，家就是「第一窟」**兼**「第二窟」。工效學專家說，在「第一窟」或「第二窟」很難集中心力發揮創意，因為外在環境不斷提醒你髒衣服、帳單、客戶交辦事項，或是你在那個空間常做的家事。

你的「第三窟」可以是附近的咖啡館、書店或圖書館，任何你可以工作的**公共空間**，又**不受打擾**。想想你的社區，有沒有哪家餐館或咖啡廳的後方有桌子，適合你在外面安靜地工作？

這週就找時間去個一、兩個小時，答應自己，不要在「第三窟」看電郵或社交媒體，只能去那裡從事創意計畫。點份餐點、付小費給服務生，選離峰時間過去，才不會占人家便宜，或佔據顧客要用的位子。

在「第三窟」工作，不只得到「你自己的空間」，還能提供源源不絕的創造力，理由如下。

1. 帕夫洛夫[20]這名字有沒有讓你想到什麼呢？如果你在「第三窟」只做創意工作，就會建構出重複性的習慣，以後你一進去就會有靈感，因為那個環境會激

20. Ivan Pavlov（一八四九——一九三六），俄羅斯生理學家、心理學家、醫師。因研究狗，首先對古典制約做出描述而著名，曾獲頒諾貝爾獎。

發你的創造力。

2. 不會有人要你做晚餐、找書包或要你「回答一個小問題」。

3. 與其獨自一人費盡心思工作，不如善用他人的活力。這些交際可以激發創意，又沒有任何缺點，因為人們不會打擾你。

4. 終於有個地方可以讓你以創作為第一優先順序。

你的「第三窟」是什麼？

「有人靠分析，我靠猶他州(日舞影展的地點)。」

——奧斯卡影帝／勞勃．瑞福

某位作家告訴我，「第三窟」已經成了她的避風港。她說，「我參加過妳在舊金山作家協會辦的工作坊，妳說『歐普拉讀書俱樂部』的第一本選書，也就是《失蹤時刻》，是賈桂琳．米查德趁孩子上學時，在廚房餐桌完成的。」

「我深受啟發。後來我送孩子去上學，也想坐在餐桌前寫書，但是髒碗盤不斷呼喚我，我也會忍不住開冰箱找零食，或想著要準備哪些晚餐。」

「後來我想起妳說的『第三窟』，就去了回家途中會經過的潘娜拉麵包店，因為那裡也很歡迎遠距工作人士，常有人帶著電腦坐在店裡。我這兩個月的寫書進度比過去兩年還要多，而且那已經成為我的習慣。店員知道我要點哪種咖啡，一看到我進門就開始準備。」

我很喜歡她的故事，因為她證明挫折不是難以解決。她很愛家人，只好先擱置創作欲望，因為她覺得自己無法兩者兼顧。後來她不必等到孩子上大學才追求夢想，只要去「第三窩」就能同時照顧家庭和創造欲。

問自己，「什麼可以提供對比？」

「唯有從鮮明的對比面，才能讓人得到快感，這是人類天性。」

——奧地利精神分析學家／佛洛伊德

如果你依舊不知道該如何從航空母艦上起飛，或許可以參考哈利的範例。只要去加州的莫羅灣，我就喜歡住「港口小棧」，因為經營者是一家美國原住民，他們很自豪飯店能散發第二個家的氛圍。我問哈利（他們夫妻就住在櫃檯旁邊的一間套房），「我知道經營飯店是全天候的工作，如果能休假一天，請問你會做什麼？」

他頓了一會兒說，「我根本不知道獨處要做什麼？」

我說，「要知道我們想做什麼，就是做平常絕對不會做的事情。」

「什麼意思？」

「幾年前，我有機會認識亞瑟．傅朗默，就是那位著有《一天五美元玩歐洲》系列的作者。我問他，『你去過泰姬瑪哈陵、長城，最愛哪個地方？』他說，『我家後院。』

「我很好奇，『全世界有這麼多景點，為什麼你最愛這個地方？』」

「他告訴我，『假期的目的就是提供日常生活的對比。如果你整天都得與人相處，理想假期就是去荒島。我總是到處旅遊，所以休息時，最令我開心的莫過於待在家裡，無所事事。』」

哈利告訴我，「無所事事很不錯，絕對與我的日常生活大相逕庭。」

我問，「還有什麼嗎？」

哈利說，「我想去黃金山健行一整天。」

「明白。就是你和大地之母，可以享受戶外的陽光，不必對人唯命是從，不必幫人辦入住手續，不必修漏水問題或電視遙控器。」

哈利的答案和心理學家卡爾．榮格的說法一致，「對比越強烈，潛力越大。唯有來自相對應的反面張力，才會產生莫大能量。」

什麼是你平常沒做的事情？那可能就是提供充分休息的精力來源。就像哈利對我說的話，「煥然一新再回來。」

你要做什麼事情才能找到對比？家裡附近的「第三窟」可以成為你的猶他州嗎？你可以馬上在附近圖書館進行創意計畫，既能養成習慣，又能擁有自己的空間……而且不要有一天。

如果以上方法都不在你的選項內，也許該換艘航空母艦了。

心法十

「遷居」到更好的地方

「真正的發現之旅不是尋找新風景，而是換上新目光。」
——法國文學大師／普魯斯特

終於講到最後一招。如果前面的方法都試過，你的人生依舊不如意，也許該遷居了，搬出去、展開新生活。有時我們目前的狀況已經夠好，有時則是鄰家的草格外青綠。普魯斯特的話正好相反，有時要換上新目光，最好的方法就是找到另一片風景。

26 給自己一個GFS（換個新地點，重新開始）

「真希望我有勇氣過我想要的生活，而不是別人期待我過的日子。」

——〈臨終最遺憾的事情〉安寧護士／邦妮．維爾，發表於《衛報》

我去墨西哥的聖米德爾德阿連德的作家協會演講，踩著石子路前進，找地方吃早餐、喝咖啡，望進咖啡館時，剛好給某位長著友善面孔的女士看到。她起身走過來，開門招手要我進去。「請進，我住在附近，每天都來這裡用餐。妳今天走運了。」

我因此認識葛兒．薛曼，聽到她發人省思的故事。「我約莫同時間退休、離婚，不過我們是和平分手。當時一年只要花四千美元，就能買到無限制搭飛機的機票，我當老師的退休金剛好負擔得起。旅遊文學作家芮塔．葛登．蓋兒蔓的《游牧女之歌》啟發我拿起背包，出發上路。

「多虧了她，我才發現『塞爾瓦斯國際』（聯合國承認的非營利組織，宗旨是促進世界和平）和『世界有機農場機會組織』（World Wide Opportunities on Organic Farms），他們在世界各地都提供住宿。我因此開了部落格，寫遊記『中年葛兒趴趴走手札』。當時是二〇〇四年，無線網路還沒那麼普遍。我常在網咖耗上幾小時才能上傳一小段，因為頻寬不足，沒辦法一次上傳整篇。」

我問，「最後怎麼會到了聖米格爾？」

「我回奧斯汀之後，發現那裡已經變了，而且在我看來並沒有變得更好。我開始來聖米格爾小住，一待就是兩週、兩個月，最後終於決定豁出去，搬到這裡定居。附近有一百多個非營利機構，起初我先幫助殘疾小朋友，現在則和盲人學校合作。」

我問了許多人都問我的事，也就是「離開家」的問題。「妳會孤單嗎？」

「不會，很多事情可做。許多人喜歡這裡就是因為這裡充滿藝術氛圍，我們終於有機會畫畫、雕刻、寫作等前半生做不了的事情。」

「關於旅遊、遷居，妳希望提供什麼建議？」

她大笑，「除了『儘管放手做』之外？」她想了一會兒，慎重其事地說，「這個世界很**友善**，我想告訴大家，不要把其他國家的人民當成『別人』。俗話說得好，陌生人只是我們還不認識的朋友。」

沒錯。葛兒離開之後，附近餐桌有位先生過來，「我是理查，剛剛恰巧聽到妳們聊天內容，請問我能坐下嗎？」

我同意，也問起他移居海外的生活。他說，「美國人常問我，『我沒辦法丟下家人，你不會想他們嗎？』我說，『我已經八十二歲，子女都各有自己的人生，我就是人們口中的「次要考量」。』即使我搬回美國，也只會幾個月見到他們一次，在**這裡**見到他們的頻率也一樣，況且我們可以靠iPhone視訊，我一點兒也不覺得是丟下他們。」

理查說出關鍵特質，搬到另一個地方不代表你**拋棄**家人。就我「一年水濱生活」的經驗，遷居往往可以兩者兼顧。可以靠簡訊、照片、電話、電郵、視訊保持聯絡，同時又能探索星辰與汪洋連成一片的新地方。對我而言，這就是真正的富裕。

世上有更適合你的地方嗎？

「每個出口都是另一個地方的入口。」

——英國劇作家／湯姆・史塔佩

葛兒、理查等搬到海外定居的人就是活生生的例子，證明有時國外的月亮真的比較圓。

葛兒和理查在故鄉已經不開心，便決定搬家，展開新生活。

你現在開心嗎？你是向下紮根的人，寧可留在一個地方，重視穩定性和熟悉度？如果是，也很好。

如果不是，你打算怎麼辦？

這本書從一開始就討論各式各樣不必搬遷，也能改善生活品質的方法。然而如果你所處的環境不友善，或是你不開心，覺得「腳癢」想離開，如果你試過各種改善環境的方法都不奏效，也許該找個能促使你快樂，而不是讓你傷神的新家。

環境很重要。我們「留在原地」時，恐怕很難改變，因為眼前的事物都會提醒我們一直以來的做人、做事方法。

有位珍妮佛告訴我，「我半年前和男友分手，到現在依舊對他念念不忘。我每次待在客廳，就想到過去縮在沙發上看電視的快樂時光，我們都喜歡品嘗美食，每次進廚房，就想到我們一起準備、互餵的餐點。我一進門就傷心，因為這個家少了他，感覺好空虛。」

我問，「妳為什麼不換個公寓。」

她列出一長串理由，房租簽約兩年，她沒有車，打包搬家很麻煩。

「但是如果妳每天都不開心，看看換個地方能不能有新開始，不也很值得費心嗎？」

她同意，後來她再回覆，都是好消息。「我在河畔找到同樣租金的一房公寓，房東同意我解約，因為許多人等著要入住。新公寓樓下有健身房，我每天早上都去運動。對了，我的臥室有超大窗戶面向東方，早上都能迎著陽光起床。」

我問，「前男友呢？」

她吃驚地說，「我一次都沒想過他，我已經展開新生活。」

聽聽她說什麼，她展開**新生活**了。

如果你想展開新生活，也許應該搬出去

「不需要等到生病才能好轉。」

——美國職業高球選手／赫爾．歐文

謹記，不需要「不對勁」，才能決定展開新生活。我踏上「一年水濱生活」旅程時，生活也沒有任何「不對勁」。我只是清楚知道，只要我不離開，我也不會有任何改變。

就像我兒子安德魯所說，「我打造可以**隨心所欲**的人生，卻沒好好把握。」我想離開那張椅子，離開書桌，過得更活躍。我想擺脫一成不變的慣例，加入新活力。面對新狀況，改變行為模式，不就是最好的方法？

心理學家的朋友黛安反駁，「莎曼，妳本來就外向，喜歡新事物，不是所有人都和妳一樣。有人喜歡**向下紮根**，有人喜歡**向外展翅**，**向下紮根**的人重視熟悉度、穩定性；**向外展翅**的人偏好彈性、變化。」

「有意思，妳想說什麼？」

「**向下紮根**的人往往終其一生都住在同一個城市，與社區有緊密連結，多數時間都與家人、鄰居、同事，一起長大的朋友共度，他們在舒適圈才有安全感。**向外展翅**的人喜歡**離開**舒適圈，往往選擇到處走，到處認識新朋友。他們能為事物增添變化性時，覺得最有精神。」

我大笑說，「這讓我想到露絲。她在英國長大，一畢業就被母校錄用當教授。她是學校的驕傲，但是系主任衝進她的辦公室，宣布消息時，她還是嚇一跳。對方說，『我有個好消息，妳是本大學拿到終身職最年輕的教授！史無前例啊，妳想想，妳這輩子都不怕沒工作了。』

露絲告訴我，『終身職？一輩子都要做同一份工作。我那時才三十多歲，那才不是我的願望，我聽到都想衝進山裡躲起來了。』這個故事還有後續發展，露絲參加第二十屆大學同學會，當時接待桌旁邊貼了一張世界地圖，上面有大頭針顯示同學的定居位置。

「她說：『妳聽過八二比例嗎？八成的大頭釘都在大學方圓三十哩內，多數人都住在從小長大、上大學的地方。其他的大頭針就散落在世界各地。』」

啊哈，正好證明了向下紮根和向外展翅的人的差異。

你是向下紮根，或向外展翅？

「一個好家長讓孩子能向下紮根，也能向外展翅。」

——小兒麻痺疫苗發明者／約納斯·沙克

你是喜歡現狀的向下紮根型？如果是，請繼續保持。如果你不開心，而且鬱鬱寡歡了好一陣子，搬到更適合的地方，也許更能支持你展翅飛翔。

詩人威廉·默溫的故事是我在這方面最愛分享的案例。身為茂宜作家協會的執行長，我有機會在第一屆的演講人餐會訪問默溫。那是個滿月的夜晚，我在卡帕魯瓦沙灘問他，「你從事寫作以來，學到最重要的一課是什麼？」

以下只是我的重述，因為我沒逐字寫下他的話（我也因此學到一課……），但是他的要旨就是，選擇**致力寫作**，就是他身為作家最棒的決策。

默溫奪下美國圖書獎和普立茲獎，每週都受邀去演講、簽書、慈善舞會。他知道，如果答應每次邀約，自己很容易就會成為「名流」，工作也會受到影響。他和妻子寶拉都認為，繼續住在紐約市，就會持續受到誘惑，導致他無心耕耘天賦，因此他們搬到茂宜，過更簡單、更樸實的生活，他才能有更多時間專注在真正重要的事情上。

我心想，「這個人知道什麼事情對他最重要，也願意扛起責任，主動離開原本的環境，否則會危害到他最重視的事物，他處心積慮遷居到另一個地方，因為長遠看來，新家可以讓他更致力於寫作。」

你呢？目前居住的地方讓你不開心，你卻因為害怕不可測的未來而留下？希望這本書可以提供工具，讓你欣然接受不確定的未來，為了自己拿出勇氣，並且信任自己絕對辦得到，希望你能將最重視的事情「公諸於世」，人們也能支持你，幫你達到目標。

如果你已經盡力改善現狀，卻隱約知道情況不會改善，請採納安寧護士邦妮・維爾的建議。鼓起勇氣，離開危害你身心健康的地方，尋找可以發揮真我的新家，以後才不會遺憾。

是的，我知道換個城市居住的牽連廣大，因此我不建議你草率決定。理查・萊德和艾倫・韋伯撰寫的《人生不必走直線》提供各個角度的觀點，涵蓋各種練習，教導讀者從不同角度看待重大人生改變，我大力推薦此書。

在下一章，你會發現遷居不見得要到全新的城鎮，有時候回到原點，才是最適合我們的地方。

27 回到原點

「人的目的地絕對不是某個地方，而是觀察事物的新方法。」

——美國文壇大師／亨利・米勒

我沿著強風呼呼的熟悉道路開進山谷，依舊無法相信我竟然三十年沒回過南加州的故鄉。

請想像聖塔瑪麗亞、歐亥和塔夫特三角形的正中央，那就是新庫亞馬的位置。我說過，這裡的馬和鑽油平臺比人還多。

普魯斯特認為氣味會勾起過去的回憶，我倒認為是景象。圖書館員鮑爾斯先生就在那所小學（總人數只有兩百人）開啟我的天賦所在，他給我一支筆和一張「野馬」的墨水畫，說那就是我。

希布里安街有個三房的小房子（三十三坪），我們就在後院的風滾草堡壘中玩芭比娃娃，雪莉就是在飯店的泳池大膽忤逆我們爸媽，在十三歲的生日派對換上兩件式泳衣（在當時簡直是大逆不道）。那個足球場每週五燈火通明，全鎮的人都會去幫六人團隊加油。鎮上有個農場，就是三百磅的小豬瑪索跳過三尺圍牆，衝到我的馬匹喬的肚子下。喬拔腿狂奔，幾小時後才回來。那裡有畜欄關著我們的四健會[21]綿羊、「美國未來農人組織」[22]的閹牛。我們哀求爸媽：「一定要今晚餵牠們嗎？不能明天早上再餵嗎？」他們總有制式回答，「做該做的事情。」

小說家湯瑪斯．沃爾夫說錯了，我們不只可以再度回家，如果想更了解，是誰、什麼事情塑造出現在的我們，理由又是什麼，我們更應該回家。就像珍妮佛．羅培茲說的，「無論我去哪裡，我知道自己來自何方。」好個睿智的女人。無論我們離家多遠，知道「自己來自何方」，可以帶給我們中心價值。

你上次回家是多久以前？

「家是我們故事的起點。」

——「丹尼森設計」的共同創辦人／安妮．丹尼爾森

你在哪裡長大？回去過嗎？返鄉帶給你什麼省思？誰對你有深遠影響？看到哪些景物令你想起家庭聚會、開心或難過的求學經驗？重返童年故鄉會想起什麼故事？也許你是向下紮根的人，依然住在長大的城市，或常回去探訪親友。果真如

此，這章對你的意義恐怕不大，對遠走高飛、不再回去的讀者比較有幫助。

鄉村歌手肯尼・薛士尼決定探訪故鄉，導致後來的事業走上意外有意義的新方向。他突然向粉絲、演唱會籌辦單位、唱片公司宣布，他要休息一個夏天。儘管巡演唱利潤頗豐，他決定回家「充電」、尋根，結果那趟旅程的收穫不僅止於此。他探望高中足球教練，覺得那次聊天給他莫大啟發，因此拍了紀錄片《秋季的男孩》，敘述足球的影響。他幫紀錄片寫了這首主題曲，並訪問美國美式足球聯盟的布雷特・法弗、東尼・丹吉、裴頓・曼寧與西恩・沛頓。薛士尼說，「拍攝這部影片對我而言是不可思議的經驗，我因此以不同的角度看待我的人生。」

你呢？返鄉之旅會幫助你以不同的角度，看待你的人生嗎？

對音樂人史汀就有這個效果。你知道史汀有漫長的八年都沒有靈感嗎？他說，「我一個字也擠不出來，陷入創作的黑洞。」他怎麼解決問題呢？他回到英國造船廠故鄉新堡，他從小就在那裡看「巨大的船隻越建越大，最後更是遮住陽光」。他和造船工人、鐵匠、焊接工人聊天，最後寫出百老匯音樂劇《最後方舟》，甚至親自演出。如果他沒回到原點尋根，可能沒辦法重新得到創作靈感。

21. 4H Club，美國農業部的農業合作推廣體系所管理的非營利性青年組織，創立於一九〇二年。

22. Future Farmers of America，美國青年生涯與技職學生組織，旨為推廣及支持國、高中農業教育。

返鄉能幫你向前展望嗎？

「一個人走遍世界尋找心之所望，返家之後便找著了。」

——愛爾蘭小說家／喬治．摩爾

你何時、在哪裡表現得最好？也許你的「家」不是你長大的地方，也許是你最自在的一段時期。

尼爾．菲利普就是很好的例子。這位充滿魅力的人是哈佛美式足球隊長、籃球隊員。位於華盛頓首府近郊的母校蘭登學院找他回去當體育總監。尼爾在那裡擔任受人敬重的教練、演說老師，後來更晉升為總校長。

面對活力充沛的青少年，是終年無休又費時費神的工作，何況許多人的家長還是名人。他和家人住在校園，但班級事務、體育競賽和學校活動令他身心俱疲。

我和尼爾見面，討論寫書計畫。他有興趣，卻沒有多餘的時間和體力。「莎曼，珊儂和我帶孩子去佛羅里達度假一週。某天，我們在公園野餐，旁邊有個籃球場。有人開車過來，從後車廂拿出籃球，開始投籃，而我只是坐著看他打球。如果妳五年前告訴我，我不會起身去和旁邊的球員打球，我絕對不信。」

我說，「尼爾，你有什麼夢想？」

「不要誤會，我熱愛工作，但我很久以前就想創立『就在這裡』組織，提供黑人少年正面的成人典範。」

我說，「那怎麼不放手做？」

「有人得靠我做事，我不想讓他們失望。況且我還得養家活口，從頭草創非營利組織有很大的風險。」他也懷疑離開這個德高望重的工作崗位，展開前景晦暗不明的新創事業，是不是開倒車。

我說，「尼爾，我知道你目前的工作對很多人都很重要，但是你每次談到『就在這裡』，眼神都閃閃發亮。我認為這是你的天職，如果你相信直覺、放手呼應天命，最後可以幫到更多人。」

那年夏天，尼爾決定邀哈佛校友選手，也是體育主播的詹姆斯・布朗辦籃球營募款。在月曆上圈選日期，確實推動計畫開始。接下來就要開始動員，不只是在心裡醞釀。他找到場地，召集了教練、球員，將消息傳給附近的孩子。

你猜尼爾現在做哪一行？只要上VisibleMen.org網站，就會看到佛羅里達州薩拉索塔的「就在這裡學院」的學生笑容。請看尼爾在「南塔克特計畫」的演說，他顯然呼應了天命。

你呢？你知道自己想做什麼，卻又覺得那是開倒車嗎？向前展望不見得是賺更多錢、承擔更多責任、承受更多壓力或更出名。有時前進的最佳方法就是退後，回到自己最重視的事情、回想哪件事令你最開心、你最重視哪些核心價值，認為自己能做出最大貢獻。

你要付出多大代價才能活出最大潛能？

「如果我從這刻開始，就活出最大潛能呢？」

——喜劇演員／莉莉・湯琳

我有幸在「行善嘉年華」（「做好事、當好人、實現好願望。」）的專家小組，聽派蒂・史東希弗演講，這個小組的成員都是對社區有貢獻的善心人士。派蒂曾是微軟公司的執行長，底下有十二萬名員工，當時負責「比爾蓋茲夫妻基金會」，可運用經費高達三百八十億美元。

她準備進入人生新章節之前做了什麼？她又去領導、擴大另一個全球組織嗎？不，她接下華盛頓首府某個小規模非營利組織的工作。「馬大的餐桌」的使命就是「透過健康的食物、價錢實惠的衣物和高品質教育，建構更美好的未來」。

派蒂說，「人們很驚訝我離開那麼位高權重的工作，到地方性的非營利組織服務。我之所以做這個決定，原因如下。妳知道華盛頓特區的慈善機構有幾個幫助無家可歸的人嗎？四十八個。他們知道彼此做了什麼嗎？不知道。有時三部餐車停到同一個地方，另一頭的人只能挨餓。如果我們連地方性的貧困問題都無法解決，怎麼處理全球層面的問題？」

這名女子認定，活出最大潛能的方法，就是親自挽起袖子，解決基層的問題。

你呢？知道有句俗話說「要麼做大事，要麼回家去」？也許應該改成「回家去，做小事」。

切記，如果家就是你能發揮專長之處，回家就不是開倒車。如果選擇「更小」規模，更符合你的目的，那就不是失敗。

其他雜事掩蓋心裡想回歸核心價值的呼喚？許多人都以為進步就是往前，有時如同肯尼．薛士尼和史汀，返鄉更有幫助。派蒂．史東希弗也發現，有時展望全球，還不如從小處著眼。

你呢？是不是從小就認定越大越好呢？擴大企業規模、提高收入、不斷往上爬、增加知名度。有時的確如此，有時更大不見得更好。我們下一章會討論，有時我們已經準備……**背道而馳**。

不一定非得返鄉，才能回家

「善行，無轍跡。」

——老子

有些人聽了我的旅行之後說，「我永遠無法過游牧生活。」我去南卡羅來納州帕利斯島的著名早餐店用餐，隔壁桌的婦人說，「流浪漂泊不會煩嗎？我一定會想家。」

我告訴她，「可是我有家啊，家不必是具體的結構，也不必是哪個地方。我在的地方就是家。」

她說，「我不懂。對我而言，從一個地方流浪到另一個地方，似乎漫無目的。」

「在我看來，家是某種心態，這讓我想起精神導師羅摩．達斯的某個故事。他和心理學家提摩西．李瑞巡迴演講時，走進另一間飯店房間，他環顧四周，一個人也沒有。空房間讓他覺得想家，他決定給自己全新的開始。他走出去，再進房，這次大叫，『我回來了！』」

「這就是我的心情。我不是『離開』家，就各個層面而言，我就在家。多虧iPhone的視訊，無論去哪裡，我都能與親友保持聯絡。只要我留意周遭環境，從不覺得空虛或想家。我深深感受到與他人的緊密連結，也覺得完整不匱乏。」

回歸真我

「如果你不離開養大你的箱子，就不知道外面的世界有多大。」

——國際巨星／安潔莉娜．裘莉

你呢？你的實體故鄉在哪裡？你在那裡覺得自在嗎？抑或那只是你想脫離的箱子？

你期待回家、返鄉嗎？如果是，恭喜你。

如果不是，要做什麼才能在家裡更自在？開始進行早課？清除雜亂的瑣碎細節？全心為家裡的人、家裡的事情貢獻全新的注意力？

是不是該回故鄉，重新尋根、找尋核心價值、真正的重要事項？或是你該找個新家了？

請別忘記，家不一定是具體的地方。如果希望更自在，請回歸真我，只要照辦，在哪裡都會覺得賓至如歸。

我知道，我丟出太多關於「家」的問題了。家是我們覺得有歸屬感、有緊密關聯的地方。覺得「自在」，才能喜歡自己的生活，這點很重要。

醫生作家老奧利佛．溫德爾．荷姆斯說，「家是我們感受到愛的地方，雙腳也許會離開，心卻走不了。」家是心之所在，我們都有能力，在自己所在之處創造誠摯的家園。

我將在最後一章分享我怎麼知道該結束「一年水濱生活」，又怎麼知道下一個階段同樣令人滿意。你會發現，該如何伸出觸角，探索下一步，才能不斷進步，不斷創造你熱愛的生活。

28 歡迎下一個階段

「我已經準備就緒，可以踏上另一段冒險。」

——《哈比人歷險記》主角／比爾博·巴金斯

你猜，「一年水濱生活」第三個常被問起的問題是什麼？

「妳何時決定停下腳步？」

我的標準答案就是，「『停下』有妥協的意思，『下』也有負面意義。我何必這麼做？」

我已經過了一年的最後期限，還有很多地方沒去過，很多人不認識，很多經驗沒收集到。例如我尚未在鮑威爾湖、哈瓦蘇湖、米德湖住過船屋，也沒在秋天去哈德遜河谷看落葉。

後來發生了一件我沒料到的事。

兒子和媳婦打來報告好消息……寶寶駕到！

湯姆和佩蒂問我是否要去波德，迎接娜塔莉亞呱呱落地。

安德魯和美紀問我要不要去布魯克林，歡迎小廣來到人間。

我肯不肯？新冒險剛出現，我根本無法預料這個轉折，也不在我的計畫之內。然而就各方面看來，這個變化非常完美，托爾斯泰寫道，「無論做什麼工作，永遠都要準備放下，而且要有計畫，才能走得開。」

一年半以來，我隨心所欲，到處旅遊，體驗發現新地點、認識新朋友的喜悅。

現在該是回到原點，與家人相聚了，這次不是飛去住一週，我要**留下來**，回歸家庭生活。我想陪在孫子身邊，想在他頭幾個月的夜晚都能抱著他，想要看看快樂的娜塔莉亞第一次笑逐顏開，想看兒子坐在地上，陪他兒子玩樂高。我想幫兩對夫妻照顧孩子，讓他們能過過夫妻生活，偶爾晚上出去約會。我想陪馬提歐參加學校聖誕派對，看他和朋友合唱〈紅鼻子馴鹿魯道夫〉。

啊……皆大歡喜。

你的下一段冒險是什麼？

「改變的需要在我腦子中間鏟出一條路。」

——美國非裔作家／瑪雅・安傑盧

與瑪雅．安傑盧的話恰巧相反，我認為多數改變不會在我們腦子中間鏟出一條路，而是像十字路口，我們往往不知道該走哪一條。

揮別「一年水濱生活」並不難，因為我兩個兒子和媳婦剛送給我最棒的下一步，然而迎接新階段並不見得輕鬆。

有個朋友尋找另一半多年，後來也找到。他完全符合她的要求，還超出預期，兩人陷入熱戀，儘管他們之前都忙著照顧生病的家人。如今這些難關都已經拋諸腦後，他即將退休，離開機長崗位。他盼望能和我朋友到溫暖的地方，將她當女王般呵護。一切都很理想……唯一的問題出在哪裡？她無法拋棄根深柢固的清教徒式的職業道德。

她告訴我，「莎曼，離婚後，我告訴自己，這輩子不會再靠男人『照顧我』。我沒辦法理清思路。」她赤手空拳打拚事業，拉拔三個孩子大學畢業，幾十年來不斷拓展事業，現在實在無法拒絕客戶。

我說，「妳轉頭看清楚，孩子們都已經長大，獨立自主。妳的事業有意義又成功，妳很健康，男友如此愛護妳。妳的夢想已經成真，妳反而回到『匱乏』的心態，沒認清現在的生活有多充實，也不許自己享受。」

「我知道，可是……」

「想遠一點，如果妳或他發生不測，妳沒把握機會，好好利用這次相聚的時光呢？」

她一臉震驚，「我一定終生後悔。」

「沒錯，這就是我這本書的意義，我們自動延後讓自己快樂的事情，因為我們以為好事永遠不會跑，以為還有『更重要的事情』要做。其實不然，妳的工作比陪伴他更重要嗎？客戶比他重要？沒有事情阻止妳談戀愛，只有舊思維攔著妳。」

她聽懂了。我很高興可以告訴大家，她傳簡訊告訴我，「退休是光榮的好事。」

這是我頭一次聽她用這種措辭，也更明白她為何一開始拒絕他照顧她的慷慨提議。她曾和我打趣，說我們絕對不會辭職，我們都是演說家、作家兼顧問。我們多次感嘆自己何其幸運，竟然找到一份可以做到終老的工作。

也許這就是重點。她依舊能保留工作，客戶還是要找她。限制事業蓬勃發展，並不符合她對這個階段的計畫。何況，她依舊認為退休是「老」人才做的事情，她看起來不老，心態也不老。

然而人生給她一手更好的牌。幸福人生的秘訣之一，就是看到好牌就欣然接受……而不是執意固守原本的計畫。

願你一生福恩滿溢

「一直看舊篇章，就無法展開人生新章節。」

——圖書館海報

本書（以及各個心法）的關鍵訊息，就是快樂人生要活在當下，同時還得敞開心胸，隨時準備迎接下一個階段。

例如我和同行通電話，提到我在茂宜多開心。她問，「妳有沒有計畫趁妳在那裡的時候聯繫羅摩・達斯？」

這些點點滴滴也串聯的方法實在太妙了，我大笑說，「我根本不知道他也在這裡，我當然想見羅摩・達斯，我昨天的書稿才提到他。」

她說，「我幫妳想辦法。」

隔天早上十點十五分，我收到她的訊息，「羅摩・達斯十點三十分會在這個海灘，如果妳想見他，現在快去。」

我去了，才有榮幸與另外十二人和羅摩・達斯一起，在風平浪靜的茂宜戲水。

大家可能知道羅摩・達斯一九九七年中風，當時他六十五歲。他在《舊金山金門報》的採訪中提到，「我以前沒照顧身體。我照顧心理、照顧靈魂，但我從來不關心自己的身體。當時我正在撰寫《中風阿公的精采人生提案》，那次中風，成了作品結尾。」

他坦承，「起初我很沮喪，經歷了三種痛苦。身體的痛苦。自尊受損，因為我向來獨立自主，現在只能依賴別人。另外就是精神上的折磨，因為在生病之前，我從去印度認識精神導師之後，就過著福恩滿溢的生活。那次中風可不像恩典，當時我以為我的福分已經用盡。」

那天，朋友扛著他進入海水，我見到這個人過著福恩滿溢的生活，儘管他的身體還留有中風的跡象。他穿著救生衣漂在海上，開心地靠矽膠手蹼打水。他仰頭，對著天空唱著，「天啊天啊天啊。」

我們跟著哼，「天啊天啊天啊。」

他綻放笑容，「開心開心開心啊。」

我們也附和，「開心開心開心啊。」

好開心，福恩滿溢啊。這個精神導師影響了全世界這麼多人，我何其有幸能認識他。羅摩．達斯最著名的見解有兩個，「我們每個人只是送彼此回家」以及「無論有心與否，我們每個人每刻都在影響這個世界」。

願我們都能送彼此（游？）回家，盡力造福我們的世界，這個世界也能每天都有一丁點的改善。

願你的下一個階段能結合此刻與未來

「如果你不往前邁步，永遠都在原地踏步。」

——美國言情小說作家／諾拉．羅伯特

隔一週，我又回羅摩最愛的沙灘，不想錯過任何一個與他共泳的機會。我對他說了我的「一年水濱生活」，以及我學到的最重要課程，就是快樂並非此刻**或**以後，而是此刻**與**未來並重。

他拚命搖頭，「不對……就是現在。」他揮手比比沙灘，彷彿強調就是這一刻，然後用力地說，「**就是現在，就是現在。**」

我聽見了，也知道他和許多精神導師都宣揚活在當下的重要性。事實上靈性導師奧修說過，「當你活在此時此地，而不是想著以後，奇蹟就發生了。活在當下就是奇蹟。」

是的，拋開所有雜念，認真活在此時此地就是奇蹟。

但我認為這就是即興創作界最愛講的「是的，而且[23]」原則。活在此時，而且**偶爾活在未來**，也是奇蹟。我不認為非得二選一，反而認為要在兩者之間取得平衡。

就我看來，具有充滿意義的過去（令我們心存感激的事）、現在（我們正在經歷、欣賞、銘刻在心頭的事）、未來（我們展望的事）才是十全十美，我們不必三選一，可以三者兼顧。

心靈導師艾克哈．托勒談過各種專注於未來產生的負面情緒，如焦慮、壓力、憂心。但如果未來光明燦爛呢？如果充滿正面情緒如期待、興奮和熱切呢？

他也談到太在意過去的負面情緒，如悔恨、愧疚、懊惱。如果過去是份禮物呢？如果以往充滿正面的回憶、人物和經驗呢？

我明白將多數時間投注在此刻的重要性，但我也相信偶爾想想「彼時、現在」以及「現在、未來」，也有其價值。

好比回想去過的地方、邂逅的人，以及各種幸運的體驗，也是重新回味的方法。伊莉莎白女王說，「美好的回憶是帶給我們快樂的第二次機會。」誰不想要呢？

展望可能的未來，也能讓我翹首期盼，拐角之後即將到來的奇蹟。

我原本看不見，現在看到了

「唯一比失明更糟的事情，就是視而不見。」

——美國社會運動家／海倫．凱勒

我已經準備進入下一個階段。幾週後，我會在亞特蘭大主持「就是今天沙龍」。隔天要開到阿拉巴馬州的塔斯坎比亞。那裡有什麼呢？

安妮．蘇利文把學生海倫．凱勒（一歲七個月之後便失明）帶到湖邊抽水泵的地方就是這裡。她在海倫的手上拼出「水」這個字，讓她知道字母與物體的關聯。

起初海倫以為老師只是用手指玩遊戲，但蘇利文不斷在她手心拼寫，她後來在自傳中用一段優雅文字描述這件事，「我動也不動地站著，注意力都集中在她手指的動作。我突然覺得混沌初開，思緒變得清明，語言的謎團突然解開了。我知道『water』就是流過我掌心那涼涼的東西。那個活生生的字喚醒我的靈魂，給它光明、希望、歡樂，釋放了它！當然，我還有些障礙，但是那些屏障總有一天都會一掃

23. Yes, and.，即興表演界的原則，接了對方的梗，再添加額外資訊。

而空。」

因為那次突破，先前的點點滴滴都串聯了起來。海倫第一天就學會三十個字，最後還學會讀書、寫字、說話。她因此有能力成為殘疾人士的代言人，扛起上天賦予的重任。

雖然我沒把握，但我認為去海倫．凱勒出生地朝聖，應該會成為另一個「隱喻故事」。

幫助海倫拓展世界，讓她理解整個世界的就是水。

「一年水濱生活」也幫助我拓展世界，讓我更理解這個世界，我因此才能因應天命，發揮天賦。

希望這本書也帶給你突破，幫你串聯起各種點點滴滴，幫你更了解你的世界。

希望快樂的拼圖漸漸成形，你能以全新的角度看待你的世界，知道如何過得更快樂，活得更充實……而且就在此時此地。

在我行程滿檔的那段時間，我往往對周遭視而不見。我關上心房、關閉情緒，太注重完成任務，看到每天的奇蹟。如果沒看到奇蹟，我的體驗和欣賞就不夠充分。

因為健康出問題、做白日夢得到一個啟程日期、拔掉我的根，我才能用全新視角看待世界。你呢？

後記

開步走

「我們可以從我們的選擇，而非能力，看出自己的真面目。」

——暢銷小說天后／J．K．羅琳

結尾和起頭一樣，都有個公路旅行的故事。我要從科羅拉多州前往加州，目標是第一晚在賭城過夜。

天不從人願。

我剛上路的時候，天氣晴朗，所以在七十號公路碰上暴風雪，我毫無準備。我開雨刷，撥桿噴水，打算清除灰塵泥巴，結果沒有水噴出來。不到幾秒的時間，擋風玻璃一片模糊，我什麼也看不到。我慌張地搖下車窗，探頭往外，想看清楚彎彎曲曲的公路。半掛式卡車飛馳而過，對我猛摁喇叭。我知道我該停到路邊，卻又不敢停車，因為我看不到路肩，旁邊停了車？有護欄？是雪堆？還是空無一物？

幸好有個好心人開到旁邊，開了車窗大喊，「怎麼了？」

「我看不到！我看不到！」

「前面有出口，」他大叫，「我開到妳前面，我會踩煞車燈，妳跟著我。」

我幾乎看不太清楚他的閃紅燈，但勉強跟著他下交流道，我們兩部車都停到路邊。我下車時全身發抖，他幫我清擋風玻璃，領我到最近的加油站，幫我加滿雨刷水。我付了大筆小費，儘管他一直客氣推辭。我說，「你可能救了我一命，這是應該的。」

我坐著不斷道謝，如釋重負，也感恩逃過一劫，如果當晚要到賭城過夜，我應該趕快啟程。幾個小時後，我開車經過猶他州的山口。天色很黑，道路結冰，我心力交瘁，但還有幾百哩的路要趕。

就像「一年水濱生活」的第一天，當時我的腦袋上方浮現一個泡泡，「既然筋疲力竭，何必繼續開在結冰的道路上？」

這次我完全不考慮改變心意的後果。讓我想想，什麼事情比較重要？我的健康、性命，還是擔心拿不回訂房的費用？想都不必多想。

我聽從直覺，「良緣前途」自然出現。

我在十分鐘車程外找到一間典雅小飯店，隔天醒來感到精神抖擻，到隔壁一家評價頗高的家庭餐館用餐。我正在寫日記時，服務生幫我的咖啡續杯，「妳要去錫安嗎？」

「錫安？」

「妳知道開車只要一個小時嗎？」

不知道，幸好我訂了房間，可以回應這個機會。因此後來我去了我所見過最壯麗的國家公園，去過的人就知道那裡美得令人目瞪口呆。那天雖然是冬季，卻溫暖得不尋常，而且是淡季，所以我可以享受清幽的美景。

我從「一年水濱生活」學到，要問當地人的建議。有人告訴我，某家獨一無二的飯店平常都客滿，那天剛好有空房，我便衝動地決定多留一天。

國家公園管理員告訴我，「如果今天只能做一件事情，就去翡翠池。那條步道通往天然瀑布／泉水……在沙漠中非常罕見。」因此我沿著河床，走在蜿蜒小路上，所有景象都是我前所未見。我覺醒頓悟，歡欣鼓舞地享受壯麗的大自然。

我仰望懸崖邊的瀑布時，想起錫安是父親願望清單上的第一名，也是他始終沒機會造訪的國家公園。我讚嘆這個意外體驗時，默默在心中祈禱，「爸，獻給你，這片美景獻給你。」

持續運用十個心法，永遠改變人生

「最勇敢的行為，還是為你自己著想。」

——法國時尚品牌創辦人／可可．香奈兒

隔天我駛離山谷，才想起來，這次體驗是「一年水濱生活」的尾聲。我的結尾又回到起點，下意識在這趟行程中練習了每個心法，將「有一天」都換成「今天」。

評估：我評估狀況，認定在精神狀態不佳的夜裡，開在結冰道路上有害身心健康，因此做出更好的選擇。

創造：我創造了一個有意義的選項，趨吉避凶。尋找保障安全的飯店，成為我的當務之急。

摒棄：我摒棄直駛賭城的計畫，不再灌溉枯死的花草，不再去想我無法拿回飯店訂金。

推行：我推行新計畫，信任自己可以想出解決辦法。我決定停止開車時，還不知道要住哪兒，只知道不會是賭城！

歌頌：我歌頌自己注重安全，躺在溫暖、舒適的床上，而不是開在濕滑的路上，最後還有幸看到壯麗的錫安公園。

加入：我心存感激地接受善心人士的幫忙，並且在錫安公園詢問建議尋求協助。我獨自走向翡翠池，因此在那個難忘的地方，得到值得紀念又有意義的體驗。

結合：錫安結合了工作和休閒娛樂，兩者兼具。我結合興趣（大自然與戶外活動）和職業（寫作）。

開創：保持心胸開放（不是想著旅程即將進入尾聲），創造出別具意義的經驗，而且遠超過我所能計畫的任何行程。

協商：我在錫安的飯店房間原本對著停車場，我打到櫃檯，請問是否能換到觀景房，因為我希望醒來，「就能對著山岳寫作」。友善的工作人員幫我免費升級到山景房，山上還是一輪滿月。如果沒問，我永遠看不到。

遷居：我「半途而廢」，搬到更好的小鎮，更好的飯店，得到更棒的體驗，而不是陷入僵局，委屈求全。

快樂不是一勞永逸的過程

「我們做任何事情的方法，就是我們做每件事情的方法。」

——暢銷作家／瑪莎・貝克

希望這本書啟發你做更多你看重的事情，你才能創造你想要、需要和應得的生活品質。

請把這本書放在隨手拿得到的地方，例如書桌或床頭桌。如果覺得憂鬱，不確定該做什麼，隨便翻開一頁，哪頁都行。也許你會看到，能鼓舞你的引言、故事。

不如我再說個故事，讓你現在就更有決心做重要的事情，而不要有一天？

我在波士頓演講，某名女子問我，「一年水濱生活」是否錯過哪個景點？「有的，我一直想去華登湖（《湖濱散記》的主場景），卻始終沒機會。」

她說，「妳知道從這裡開車過去只要一小時吧？」

我太吃驚了，我根本不知道。我立刻上網改訂房，租了車，直奔麻州的康科德。我不能錯過這次大好機會（才一個小時！），我想重溯梭羅的足跡，在他寫作的地方寫作。我沒想到，自己也會和他選在同一個地方游泳。

那趟車程風雨交加，心裡有個小小的聲音（那個總是為我們著想的聲音）說，「今天就算了吧，明天再早起過去。」

我照辦了。我的直覺再次料中，早晨的陽光燦爛，公園一開門，我就進去，整個停車場只有三部車。

我拿了背包，鎖上車門，有名男子穿著泳褲、披著浴巾走過。當時是十月的新英格蘭，我根本沒料到會看到有人穿泳裝。我驚訝地問，「水溫暖到可以游泳嗎？」

「是啊，只要妳從梭羅小屋的山凹那端下水。那邊的水比較淺，也比較溫暖。」

我往那裡出發，沿著樹蔭茂密、落滿針葉的道路前行。我拐個彎，看到平靜、清澈的湖水，秋色映在鏡面般的湖上。

我沒帶泳衣，但是那天的天氣晴朗，我心想，「誰曉得我會不會再回來，或是何時才會來？」我便下水了。

我永遠慶幸自己下了水，餘生絕對不會忘記我漂在湖上，望著藍天白雲，心裡充滿梭羅般的文思。

衣服會乾，回憶永存。

離開人生的岸邊，下水吧。

「你所能說出最糟的四個字，就是『如果當初……』」

——亞馬遜創辦人／傑夫・貝佐斯

各位，我們不是來站在岸邊，我們來是為了起身、往前走、下水去。

希望這些故事啟發你，別再枯等，開始創造你覺得有意義的人生。

希望這些省思可以讓你此時此地就想清楚，鼓起勇氣做出小小的改變，塑造別具意義的人生。

希望這些心法，能預防你最後悔恨懊惱。

網球冠軍小威廉絲即將拿下創歷史的大滿貫時，卻發現自己懷孕了。這不在她的計畫之中，但她決定開心接受，與其共進退。她告訴記者，「我的故事還沒結束呢。」

你的也是，你隨時都能改寫或重寫，關鍵就是一天一小步。

說到底，當你回顧人生，有件事非常清楚。

你絕對不會後悔主宰自己的故事，多做令你開心、促進健康、更有意義的事情。你只會後悔……沒早點開始。

你沒問題的，開步走吧。

資源

《一週七天，沒有一天叫做「有一天」》教給我的事：你有什麼故事？

「如果你只有一次發言機會，一定要讓大家聽到。」

——美國作家／伊莉莎白．吉兒伯特

我逛史丁森海灘書店時，老闆問我想找什麼書。我問，「有沒有實現夢想的書？」並且向她提起我的旅行。她露出燦爛微笑，領我走到「書店選書」櫃，遞給我一本書，就是伊莉莎白．吉兒伯特的《〈享受吧，一個人的旅行〉教給我的事》。書封寫著，「自從該書驚天動地地問世之後，伊莉莎白．吉兒伯特的《享受吧，一個人的旅行》為成千上萬讀者帶來力量，踏上他們從未想過的道路，尋找最好的自己。本書收錄將近五十個讀者的故事，他們分享自己改頭換面、發人省思的故事，敘述他們如何走出舊生活，實現長久以來的夢想。」

我的夢想就是下一本可以寫《〈就是今天〉教給我的事》，書裡充滿**你們**的故事。這些故事敘述你決定展開、停止、改變的故事，敘述你如何實現夢想，根據真正重要的優先順序，塑造你想要的人生。

好大一個夢想啊，但這本書講的不就是夢想？

請花幾分鐘告訴我，這本書如何影響你。誰曉得？也許你的故事正好有人想聽，還會因此主宰自己的人生。

請把你的看法寄到Sam@IntrigueAgency.com。只要得到你的允許，我們也許會與人分享，讓對方得到啟發，從此眼神晶亮，今天就起而效之，而不要有一天。

《一週七天，沒有一天叫做「有一天」》讀者指南

「進步是漂亮話，但改變才會促成進步。」

——前美國參議員，總統甘迺迪胞弟／羅伯．甘迺迪

促成進步的最佳方法就是提出追根究柢的問題，促使我們永遠改變。

要做到的最好方法，就是找個互相究責的夥伴或互助團體。

也許可以和朋友、讀書會或公司員工一起買下這本書。

大家同意每週讀一章，在用餐時間、員工會議或散步時討論。

這些問題可以促進各式各樣的對話，繼而讓所有人茅塞頓開。

如果你想索取免費的指南，了解如何舉辦「就是今天沙龍」或讀書會，請聯繫Cheri@IntrigueAgency.com，我們很樂意寄給你。

全書重點整理

心法一：評估你的快樂歷史

一：蹺班一天

1. 你打算如何度過一天或一個下午的假期？如果有人可以代勞，你不必再照顧誰，也不會有任何惡果，你會做什麼？
2. 蹺班一天，有哪三件事情你絕對不會做？為什麼？
3. 你的「快樂測驗」答案是什麼？你覺得意外嗎？

二：謹記黃金歲月

1. 你的真正的重要事項是哪些事情？你花最多時間做什麼事情？你的名單兩相符合嗎？如果是，為什麼？你要如何過你真正重視的生活？
2. 如果你的順序有矛盾，又是為什麼？哪些原因造成這種歧異？
3. 「快樂訪談」中哪些問題讓你得到頓悟？深入探索哪些原因有幫助、或有損你的快樂，你得到什麼見解？

三：要有危機意識

1. 人們說不改變的理由，哪個得到你的共鳴？請詳述每個理由如何阻止你追求快樂？
2. 你有沒有假裝碰上重大情緒事件？如果你只剩一週的壽命，你會做什麼？有沒有什麼方法可以讓你現在就做，就算是一部分也好？為什麼？

3. 你上次即時做你看重的事情是何時？你為何了然於心又充滿自信，以致立刻行動，沒有拖延推遲？為什麼？

4. 你認為身邊的誰很「快樂」？誰最能當典範，現在就做著他們想做的事，而非等到有一天再做？你從他們的例子學到什麼？

心法二：創造一個「就是今天，不要有一天」的夢想

四：闡明你要什麼

1. 你曾經很幸運，福至心靈地感受到天命、使命或熱情嗎？那是什麼事情？你有起而行之嗎？為什麼或為什麼不？那件事對你的人生有什麼影響？

2. 你的專長有何使命？你要放在哪裡，才能隨時「看到、想到」，繼而幫助你根據你的人生宗旨、和重要事項做出決策？

3. 你希望自己的人生可以多做什麼事情？你的人生要如何過，才能更有意義？你這週要如何分配時間，而不是隨波逐流，等著有一天再做？

五：在日曆上圈出日期

1. 你在年底之前想體驗什麼、或達到什麼目標？你有什麼「就是今天，不要有一

天」的夢想？你何時才要開始做？你在日曆上圈了哪個日期？

2. 現在就開始填寫5W，寫出哪裡、何時、誰、什麼、為何。你要找誰討論，他們才會幫你填空，讓你的夢想越來越清晰？

3. 你要把夢想公告在哪裡？才能隨時「看到、想到」，才能時時得到靈感，做你立志去做的事情？

心法三：摒棄過時的信念和行為

六：別理唱反調的人

1. 你身邊有唱反調的人，一直打擊你，說你追求夢想不應該、不聰明、太自私嗎？那個人是誰？他們說了什麼？他們真正的目的是什麼？這個人如何影響你到現在？他們導致你懷疑自己？他們破壞你的清明思緒、打擊你成長、進步的勇氣？

2. 下次這個人再打擊你，你要如何為自己伸張正義？你要怎麼做才能脫離這個人，或減少他們對你的掌控？

3. 誰支持你的夢想，幫你打氣？這個人如何幫助你成長，鼓勵你發揮潛能？你該如何花更多時間與此人共處，從他們身上得到繼續做下去的精神、工具、清晰的思路和信心？

七：放手吧，放手吧，放手吧

1. 你走進家裡有何感覺？如果雜亂是一分，整潔是十分，請問你為你家打幾分？這對你有什麼影響？東西堆積如山，你會覺得愧疚、煩躁或沮喪嗎？或者你對自己的空間如此別出心裁、有條不紊、漂亮雅致，覺得自豪、自在？
2. 你花多少時間清潔、修理、購買、整修？是覺得開心，非做不可的瑣事，還是介於兩者之間？請說明。
3. 你準備好簡化生活，並／或送出部分物品？你打算怎麼做？這件事還會影響誰？你要如何和他們商量？當你要照顧的物品變少時，要如何利用多出來的資源呢？

八：別駛入颶風裡

1. 你對「何必開進颶風裡？」的故事有共鳴嗎？你恪守哪些諾言，只是因為你答應了別人？又有什麼後果？
2. 你是否曾經「毀約」，結果沒釀成大難，反而更好？請描述那件事。
3. 你現在身處什麼樣的混亂狀況？你是因為要恪守諾言，才不斷駛入這場颶風嗎？你能不能去找當初你許諾的人，盡快坦白，並找出皆大歡喜的其他可能呢？

心法四：推行每日新生活，俾使人生不斷向前行

九：不需要先知道，也能動手做

1. 你自覺勇敢嗎？為什麼？你何時嘗試過新事物，結果成果很不錯？你該如何恢復當時的自信，告訴自己「上次能成功，這次也可以複製」？
2. 你從小的教育就是把這個世界當成恐怖、危險的地方，還是安全又充滿冒險？那種觀念如何影響你獨自冒險的意願？
3. 你想試試哪種新事物？你接收到反對意見的建議嗎？你的直覺怎麼說？如果你採納比較大膽的選項，邊做邊探索呢？

十：依隨你心，串聯所有點點滴滴

1. 你是否為突發奇想留白？為什麼？你何時決定要遵從心裡的推力，照直覺行事？結果呢？
2. 你覺得這都是胡言亂語？你的理性凌駕直覺嗎？既然我們有第六感可以察覺到苗頭不對，你也認同第六感能預知某件事很合拍嗎？你對這種事情有何看法？
3. 直覺以你的最大利益為考量，你又如何信守呢？你將如何串聯點點滴滴？有些「巧合」莫名其妙，卻為你找上「合拍」的相關人等、機會，你如何立刻付諸

行動呢？

十一：把自己放在自己的故事裡

1. 你會說你優先考慮自己嗎？為什麼？
2. 你何時開始活得沒有自我？怎麼回事？又是為什麼？
3. 你從什麼事情學到服務他人？那種心態如何支持或破壞你的幸福？在服務別人和考慮自己之間，要如何取得更健康的平衡？你這個星期打算「純粹為自己」做些什麼？

十二：「習慣」好比橡皮筋，留心這條橡皮筋往回彈

1. 你有沒有發現，儘管你已經非常留意，「習慣」這條橡皮筋仍然往回彈，你又故態復萌？為什麼？
2. 你如何利用措辭專注於你要的事情，而不是你不要的事情？例如你如何將沒有安排行程的日期，轉化成有餘裕迎接各種可能的日子？
3. 你給夢想哪種計量方法，才能具體讓自己負起責任？你要怎麼給自己「第二次機會」，好好改變，讓人生真正符合重要優先順序，而不是重蹈覆轍？

心法五：歌頌人生此時此刻此地的美妙之處

十三：活在美好的一天裡

1. 你有早課嗎？如果有，請問是什麼？如果沒有，又是為什麼？
2. 你覺得自己像無頭蒼蠅一樣瞎忙？你覺得已經失去自我，也與他人疏離嗎？為什麼？
3. 你要如何創造早晨有意義的習慣，讓一天有個美好開始？你願意用腹式呼吸，或利用「就是今天」日誌（或其他同質性代替品），持續追求快樂？

十四：不要鑽牛角尖，打開五感

1. 你上次以全新眼光，或假裝最後一次看待某樣事物是何時？請描述那次的經驗和心情。
2. 你的生活忙碌、緊張嗎？每天不斷趕趕趕的影響是什麼？總是覺得「少一小時少賺一元」的心情又會如何影響你？
3. 你會說你的「相機」有活力嗎？你以全新視角看待世界嗎？你何時、何地才不再鑽牛角尖，打開五感？又要如何做？

十五：動起來吧

1. 你感激自己可以自由行動嗎？或視為理所當然呢？你目前做哪些事情照顧自己

的身體和健康？請詳述。

2. 你做的事情當中有哪些會傷害身體、妨礙行動自由？久坐？抽菸？攝取錯誤的食物？是什麼呢？

3. 你有車嗎？車子帶給你挫敗感還是自由？就因為可以隨心所欲，你何時，要去哪裡放輕鬆，也許是走路、開車、搭飛機或鍛鍊身體？

十六：撥時間進行休閒娛樂

1. 你休閒娛樂都做些什麼？你有嗜好嗎？是唱歌嗎？園藝？是什麼呢？頻率多高？對你的生活品質有何貢獻？

2. 你以前都做哪些休閒娛樂？現在沒做了？為什麼？你覺得無聊瑣碎，現在有更重要的事情要做？請解釋。

3. 你如何撥出時間盡興休息？你要如何讓人生更開心？你何時才要做件讓你眼神閃閃發亮的事情？又是在哪裡做？怎麼做？

十七：有意義的富足

1. 從小到大，你對金錢的觀念是什麼？

2. 如果滿分是十分，你對目前的收入滿意度是多少？你的財產已經「夠了」？缺錢影響你的生活品質？請解釋。到底「數字多大」才算夠？存夠這個數目之後，你認為你會過什麼樣的生活？

3. 你此時此地是有意義的富足嗎？請舉例告訴大家，你這星期要做什麼來銘記、欣賞你的「好運」。是不是已經有夢想成真，你卻渾然不知？你要如何糾正呢？

心法六：結交支持、鼓勵你的盟友

十八：公開推出新計畫

1. 你想推出什麼計畫？一直以來，誰支持你、鼓勵你？他們如何幫你達到目標，完成你重視的事？

2. 誰提醒你，告訴你（「我這是為你好」），說你要做的事情沒有用，或不是好主意？那對你有什麼影響？

3. 你要如何公開夢想，讓大家有機會共襄盛舉？你是否願意做個夢想板，而且／或者舉辦「就是今天」派對？你把夢想張貼在哪裡，才能隨時「看到、想到」？

十九：創造一人天地

1. 你何時有自己的空間或道路？對你有什麼意義？現在哪裡是你的避風港？你在那裡做什麼？為什麼覺得重要？

2. 你內向、外向或綜向？你怎麼做才能繼續與人交流，又能獨處？

3. 你獨自一人也不覺得孤單嗎？你獨自行動也很自在，因為周遭環境都能讓你得到共鳴，你也有辦法把陌生人變成朋友嗎？怎麼說？

心法七：結合興趣和工作

二十：結合工作與休閒娛樂

1. 你以前都把工作和娛樂分開嗎？如果是，為什麼？如果不是，你怎麼知道兩相結合才能兩全其美？

2. 你有什麼專才、天賦、嗜好可以在職場發揮？你要如何結合愛好、人生宗旨與工作，造福所有相關人等？

3. 你目前努力做什麼事情？以那位房地產仲介兼網球員為例，你要如何結合工作和興趣，讓人生從此刻開始就更有意義，而不要有一天再議？

二十一：不要等著你愛的工作出現，自己創造吧

1. 你熱愛你的工作嗎？你覺得自己讓工作更有價值，對公司有貢獻？怎麼說？

2. 如果你不滿意工作，又是為什麼？你有哪些專才、技能，卻沒機會發揮、貢獻？

3. 你的4I是什麼？如何利用它們創造一個既能賺錢，又能發揮專長的事業？你

下一個步驟是什麼？你會去手作市集看看別人如何將愛好轉化成職業嗎？請詳細說明。

心法八：釐清哪些是你想要、需要和應得的

二十二：別再嘗試取悅他人，你又不是巧克力

1. 你是不是太善解人意，反而害到自己？你希望大家都開心，甚至點自己都不吃的義大利麵？為什麼？這對你和你身邊的人有何影響？
2. 你是不是罔顧自己，習慣性地以他人的需求為優先考量？你是不是從小有這種觀念？你為什麼這麼做？又有什麼後果？
3. 你在哪個狀況下沒清楚說明自己的需求？你要如何糾正自己，從今以後都開宗明義地說出需求？

二十三：如果你不問，答案永遠是「不行」

1. 無論要求升官、擔任計劃領導或爭取加薪，你何時曾提出要求？你怎麼準備？結果如何？
2. 你何時等別人「做該做的事情」，幫你爭取，或提供你應得的待遇？電視主持人菲爾博士說過，「你覺得如何？」

3. 你現在對哪件事情覺得不開心？你用了四個選擇中的哪一個？你如何運用五個成功說服的原則，增加改善情況的成功率？

心法九：開創全新的開始

二十四：別再灌溉枯死的花草

1. 生活多半都不在你掌控之內，你也不喜歡嗎？為什麼？這個艱困時期有盡頭嗎？你能「在心裡默許自己都無法拒絕的約定」，才能持平看待現狀嗎？
2. 你目前做什麼事情保持正面態度，在艱困的時期中還能有所盼望？你如何專心致力於自己可以控制的事情？
3. 你的生活中有可以停止灌溉的枯死花草嗎？哪些影響生活品質的事情是你可以放棄的？如果你正處於艱困時期，你要如何展開全新的開始，才不至於整天灰頭土臉呢？

二十五：做平常完全不做的事情

1. 你會用航空母艦來比喻自己的人生、工作或感情嗎？為什麼？這艘航母成功嗎？是不是有人要靠你養家活口，以至於你不能離開這艘航空母艦？
2. 你準備偶爾從航空母艦上起飛，才能獨處或發揮真我嗎？你想去哪裡？想做什麼？

3. 附近有哪個地方可以成為你的猶他州，或進行嗜好、興趣的「第三窟」？你何時過去？在那裡做些什麼？

心法十：遷居更好的地方

二十六：給自己一個GFS（換個新地點，重新開始）

1. 你是向下紮根的人，還是向外展示？這對你而言有何意義？
2. 你在目前的家開心嗎？喜歡這個社區、城市、這一州？如果是，你喜歡哪一點？否則又是不喜歡哪一點？
3. 如果可以，你想搬去哪裡？搬家要付出什麼代價？請鉅細靡遺地想像，並寫下步驟，才能將模糊的概念化為鮮明的事實。

二十七：回到原點

1. 你上次回故鄉是何時？你想起哪些回憶？有沒有找回以前對你有深遠影響的人？返鄉是否啟發你全新的創作方向，回到故鄉、回歸真我，是不是連成一個完美的圓呢？
2. 以前哪件事情讓你覺得很開心，現在如果「重操舊業」，卻覺得開倒車？你擔心工作規模不該縮小？這麼做會不會是回歸你的核心價值，表現本色？

3. 羅摩．達斯認為，何處不是家，重點是我們的心態，而不是地理位置，你同意嗎？你在哪裡最自在？

二十八：歡迎下一個階段

1. 你準備迎接全新開始、全新旅程了嗎？是什麼呢？
2. 你同意哲學家所說，活在當下就是奇蹟？還是你相信快樂是在現在與未來之間取得平衡？
3. 你要如何保持警覺，發現符合你的優先順序的下一個階段？機會出現時，你要對自己說什麼，才能立刻接受？

致謝

「飲水思源。」

——中國古諺

任何寫過書的人都明白，作者為何要謝過一長串的朋友、家人、同事，感謝他們支持我們走過這段刺激的寫書歲月。我們終於寫完書時，希望他們知道我們多麼心存感激。我衷心感謝以下諸位，謝謝你們帶給我力量、智慧和支持。

謝謝雪莉・葛林（Cheri Grimm），我的姊姊兼經理，謝謝妳永遠站在我這邊，妳對我的支持勝過我所能言喻。這趟旅程別出心裁又有意義，妳說對吧，老姊？

謝謝經紀人蘿莉・李斯（Laurie Liss），謝謝她的遠見，謝謝她擁護我的寫書事業和作品。

謝謝丹妮耶拉・賴普（Daniela Rapp）、珍妮佛・安德林（Jennifer Enderlin）、喬・李納帝（Joe Rinaldi）以及聖馬汀出版社的團隊，謝謝你們相信我和這個計畫，謝謝你們幫助這本書問世。

謝謝我的兒子湯姆和安德魯，謝謝他們可愛又才華出眾的妻子佩蒂和美紀，謝謝他們炯炯有神又快樂健康的孩子，也謝謝他們讓我滿心歡喜。

謝謝我多年來的摯友，他們創造了「可以提升所有相關人等的活動」，而且過得越來越好；謝謝茱蒂・葛雷（Judy Gray）、瑪麗・羅凡蒂（Mary LoVerde）、丹妮絲・布洛梭（Denise Brosseau）、黛安・傑拉（Dianne Gerard）、瓊娜・蘇利文（Jeanne Sullivan）、瓊・法倫（Joan Fallon）、瑪麗亞・波頓・尼爾森（Mariah Burton Nelson）、蘇・利比諾（Sue Liebenow）、莉・薛夫（Lee Self）、蘿莉・巴曼（Lori Bachman）、佩姬・卡皮（Peggy Cappy）。謝謝妳們讓我常保笑容，提醒我練習我教導的技巧，謝謝妳們與我共創回憶、旅程，謝謝妳們帶給我歷久彌堅的友情。

謝謝一路上接受我採訪的各位，感謝你們大方分享故事。但願你們的見解啟發別人，激勵他們馬上追求夢想人生，而不要有一天。

國家圖書館出版品預行編目資料

一週七天，沒有一天叫做「有一天」：10個讓夢想成真的秘密心法，找回你想要的人生！/ 莎曼．霍恩 著；林師祺 譯. -- 初版. -- 臺北市：平安文化, 2020.5
面； 公分. -- (平安叢書；第653種)(Upward；110)
譯自：Someday Is Not a Day in the Week

ISBN 978-957-9314-54-1 (平裝)

177.2 109004572

平安叢書第653種
UPWARD 110

一週七天，沒有一天叫做「有一天」

10個讓夢想成真的秘密心法，找回你想要的人生！

Someday Is Not a Day in the Week

作　　者—莎曼．霍恩
譯　　者—林師祺
發 行 人—平　雲
出版發行—平安文化有限公司
臺北市敦化北路120巷50號
電話◎02-27168888
郵撥帳號◎18420815號
皇冠出版社(香港)有限公司
香港上環文咸東街50號寶恒商業中心
23樓2301-3室
電話◎2529-1778　傳真◎2527-0904
總 編 輯—龔橞甄
責任編輯—平　靜
美術設計—嚴昱琳
著作完成日期—2019年
初版一刷日期—2020年05月

法律顧問—王惠光律師

讀者服務傳真專線◎02-27150507
電腦編號◎425110
ISBN◎ 978-957-9314-54-1
Printed in Taiwan
本書定價◎新臺幣380元/港幣127元